人づくりの鬼

10年で売上19倍を実現した経営者の仕事術

万葉建設株式会社　代表取締役
佐々木俊一

みらい PUBLISHING

目次

はじめに

「万葉建設さんは、なぜそんなに業績がいいのですか」
「売上を伸ばすには何か秘訣があるのですか」

ここ数年、そんな質問をされることが非常に増えました。
初年度の売上１４３２万円からスタートした建設会社が、創業20年にも満たないうちに売上をグループ会社全体で約40億円にまで伸ばしたことを、皆さん不思議に思うのでしょう。

しかし実際特別なことは何もしていないのです。高度な戦略をもっているわけでもありません。

ひとつだけ言えることがあるとしたら、誠心誠意、命がけで仕事に打ち込んできたことだけです。ただ自分の信念を曲げることなく・・・。

私は千葉県八千代市で建設会社を経営しています。社員は30名弱、ビルやマンションの新築やリフォーム、オフィスや工場のリニューアルなどを手掛けている会社です。社長の私は社長室にどかっと腰を下ろしているような時間はなくいつも走り回っています。そんな私の姿を日常的に見ているからでしょう、従業員たちも本当によく頑張ってくれています。

忙しいのは仕事だけではなく、プライベートでも同じです。私には8人の子供がいます。学校やPTA関係の用事だけでも大忙し。他にも地元八千代市の地域の活動、さまざまなボランティアなど、まさにあっちにもこっちにも顔を出している状態です。

もちろん顔を出しているだけでなく、限界まで、時には限界を超えるまで体を動かしています。休みもあまりなければ睡眠時間も短くなります。それでも「俺がやらなきゃ誰がやる！」そんな気持ちで、すべてに全力で取り組んでいます。

どんなに忙しくても、誰かのために自分ができることをすることに、私自身が幸せを感じます。人から何かを奪うより自分が与える方が、豊かな生き方であり働き方でもあります。

そのことを私に教えてくれたのは、これまでの人生で私と関わってくれたたくさんの人たちです。

このようにして、人に尽くすことは、結果的に会社の大きな発展につながりました。そして〝人のためになること〟の積み重ねで、気づいたら私自身が成長していました。

「人を大切にしましょう」

「社員ファーストで」

そういった言葉が世の中にあふれる時代です。

では果たして、どれだけの会社で実現できているでしょうか。

「わかってはいるけれど、実際には難しいよ」というのが、多くの経営者の本音ではないでしょうか。

私が伝えたいのは、「やるなら徹底的に、とことんやる」ということです。心の底から人を信じて、とことん、人に尽くすという覚悟です。経営者が中途半端では、意味がありません。

そして、売上増、会社の成長につなげていってほしいのです。それが本当の意味で、人を大切にすることになるからです。

経営者にとっても働く人にとっても厳しい時代です。会社をもっと大きくしたい、売上が思うように上がらない、社員が定着しないと悩んでいる社長は少なくないでしょう。社員の側は、会社に不満を抱え、今のままでいいのかと迷っています。

だからこそ、少しでも多くの人に、私の生き方と働き方を伝えたい、知ってほしいと思い、本書を執筆しました。

「とことん人に尽くす」
「とことん人を大切にする」

その信念をもって実践すると、それと比例するかのように売上はどんどん伸びて、10年前から19倍にまでなりました。
「人を大切にすること」と「会社の売上を伸ばすこと」は、決して相反することではありません。むしろ、人を大切にすることこそ、会社を成長させるために必要だったのです。

この一冊があなたの人生に何らかの形で役に立てば幸いです。

序章

なぜ人に尽くすのか

〝もらうより与える〟を続けて

「佐々木さん、大学生たちのグループにあなたの話をしてもらえませんか?」

大学生向けの塾を開いているという人から、ある日突然連絡がきたのは、数年前のことでした。まったく面識のない人です。

どこかで、私と万葉建設のことを知って、興味をもってくれたようです。

「どんな塾なんですか」

「就活のテクニックなどを教える塾なんですか」

話すからには塾の趣旨を知っておきたいと尋ねたのですが、そうではないと言います。

では何を教えているのか。

強いて言えば、人生や生き方について考える塾だと言います。

「これからの日本を背負っていく若者たちに伝えたいこと、知ってほしいことをさまざまな業界の社長たちが話している塾だから、ぜひ佐々木さんにも参加してほしいのです」と頼まれました。

私は頼まれたら断ることはほとんどありません。時間がなければ作ればいい。大学生たちと話すのは面白そうだし、自分も得るものがあるに違いないと考え引き受けました。

私はさまざまなボランティア活動に参加していますが、この会ももちろん講師への謝礼はなく、ガソリン代や駐車場代も自腹です。

初めて参加した学生は当然私のことをまったく知りません。

「僕はこういうことをやっている人間です」

「僕はこういう考え方で生きているよ」

「こういうボランティア活動やっているよ」

そんな話をするだけでも2時間、3時間は、すぐに過ぎてしまいます。

若い頃は誰もが自分のことで精一杯です。誰かのために何かをするなんてできない。

彼らにとって私は宇宙人のように見えるかもしれません。それでも私は後述する青年会議所やPTA、その他の活動について話しています。

「もらうよりも与えた方が得だよ」
と、いつも思っていることを彼らに届くように話します。

今の若者は大人に接する機会があまりありません。近所のおじさんに怒られた経験もないし、学校の先生は勉強しか教えてくれない。だから彼らは私の話に最初は驚きます。そして惹きつけられるようです。

ある時「なぜそんなに人に尽くすのですか」
と、不思議そうな顔で質問してきた学生がいました。

私自身は人に尽くしているという意識はありませんでした。いつでも目の前にあることを自分がやりたいようにやっていただけです。私は人に尽くしていたのかと、学生から教えられたのです。

コストパフォーマンスが重視され人との関わりが希薄になっている今、若者たちにそんな話が受け入れられるかと思う人も少なくないでしょう。ところがみんな本当に一生懸命聞いてくれるのです。中には私の話で涙を流した学生もいました。

「僕がやっていることは種を撒くことだよ」と大学生たちには言っています。私はもう55歳になる人間だから、どう頑張っても動ける時間は限られています。でも彼らにはまだまだ時間がある。

「君たちにこれから種を撒くから、5年後、10年後に会いに来てくれるか？　その時は胸を張ってこれるよね。そのために僕はここにいるんだよ」と伝えてます。

「そうはいってても僕のレベルにはそうそう来れないだろうけれど、まあ、やってごらん」と（笑）。

なぜなら、私は成功した体験も苦しかった体験も悲しかった経験も、圧倒的に彼らよりより多い。同世代にも負けないと思っています。

「だから、君たちが僕と同じことができるとはひとつも思っていないけれど、君たちはこれから長い時間があるから、失敗はどんどんしなさい。失敗してもいいから、逃げないで前を向いていけば、必ずすべてが自分のものになるから」と言っています。

私自身が失敗をたくさんして悲しみもたくさん経験してきたことが、大学生の前でこんなことを話せる、唯一の源泉なのです。

大学生たちと話をするたびに、私自身にも学びがあります。一方的に何かを教えるということではなく、お互いに学びあい、与え合う関係だと考えています。だから毎回、「今日も勉強になった。ありがとう。君たちは輝ける日本の宝なんだから、自信をもって生きていいんだよ」と伝えています。


「面白い社長がいるみたいだから、話を聞いてみるか」

「あの社長はどんなことを考えているんだろう」

と、毎回参加者は多少変わりますが、もっと聞きたいとリピーターになって参加している学生もいてくれて、話をする方としては嬉しいものです。

建設業界を目指している学生が集まっているわけではありません。私の話はどんな仕事を志望している人にも聞いてほしい。これから社会に出ていく彼らに、対人関係や生き方について学んでほしい。そう考えて続けています。

もちろん、もし建設の世界に興味をもってくれたら、いくらでもアドバイスするつもりです。私と一緒に働きたいという学生がいれば、もちろん大歓迎です。


「自分は上っ面の話しかできないんです」

そう悩んでいた女子学生がいました。相談されるのは嬉しいが、うまく応えてあげられないと言うのです。頼られても力になれないのが辛いそうです。

彼女には、私が相談を受けたときの答え方について詳しく話しました。私はよく人の相談を受けています。性別も年齢もさまざま、いろんな相談が私のところになぜか集まってきます。

人はそれぞれ違った事情を抱えています。私とも違う、他の誰かとも違う。その人唯一のものです。

だからまず大切なのは相手のことをどこまで思うか、相手にどれだけ寄りそうか。自分の目線で考えていては、頼ってきた人に応えてあげることはできません。

腹をすえて困っている人の隣に座ってじっくり話を聞くところからスタートです。そして自分が同じ立場に立っていたらどうするかを考え、アドバイスします。

とことん相手の立場、気持ちになって考える。これは仕事でも私が実践していることのひとつです。相手が社員であってもお客様であっても取引先であっても同じ。これができなければ相手に応えることはできません。

幸せとは、人に必要とされること

あなたにとって、幸せとはなんですか。仕事で成功すること、お金をたくさん稼げること、自分も家族も健康でいることなど、一人ひとり幸せの定義は違います。では、私にとっての幸せとは何か。それは人に必要とされること、人にいてほしいと思われる人間であるということです。

そんな話をしたら友人は
「アドラーと同じだね」
と、アドラー心理学について教えてくれました。

アドラーは20世紀前半に活躍した心理学者で、「他者への貢献が幸福の最大の鍵だ」と提唱しました。人は他者とのつながりの中で生きています。人とのつながりのことをアドラーは「共同体」と呼ぶのですが、その中に自分の居場所があると感じられなければ、人間は幸せになれないと考えていたそうです。

「佐々木がいてくれてよかった」

「困った時に相談するのは、やっぱり佐々木だよなあ」

「佐々木がいると頼りになるし、安心だ」

そう言ってくれる人すべてに、〝いてくれて嬉しい〟だけでなく、プラスの影響を与え続けたいと思います。

例えば社員。

縁あって私の下で働くようになったのだから、建設屋としても社会人としても成長してほしい。

しかし仕事だけしていろというわけではありません。自分の時間をもってほしいし、家族との時間も大切にしてほしい。この点については後述します。

相手に価値あるものを与え、その見返りに価値あるものを受け取る「ギブ・アンド・テイク」という考え方があります。

しかし私の場合は違います。見返りを考えず常に先出し、相手に対して自分がやりたいと思ったことをやりたい時にやるという考え方です。

見返りを求めていたら何もできません。タイミングを逃してしまいます。仕事でもボランティアでも今しかないと思ったら「すぐやる」からこそ相手にとっても大きなプラスとなるのです。

それでは与えるだけで何も得られないのではないか。

いいえ、違います。私は自分がギブした以上に多くのものをテイクしています。いつも先出ししていると、まわりの人間が私を評価してくれるようになるからです。

困った時は佐々木に頼めば骨を折ってくれる、力になってくれる。困ったら佐々木に聞いてみよう。まわりにそう思われたら、すぐに動いて全力でやるのは当然です。

佐々木が一番忙しい、佐々木が一番頑張っている、佐々木が一番苦労しているとみんながわかってくれているから、その結果がテイクとして返ってくるのです。

「俺は間違わない」と言える理由

「俺は間違わないから」

私はよく言います。従業員にも、ボランティアの仲間にも、友人にも、そして家族にも。何かを相談されたとき、頼られたとき

「大丈夫、俺の言うとおりにやってみな。絶対うまくいくから」

と言います。

「なぜそんなに自信があるのですか」

そう聞かれます。

15年前、20年前の私はそんなことは言えませんでした。しかし今は言えます。

私が建設業に関わるようになってから30年以上。そして仕事だけでなくボランティアや地域の活動、ＰＴＡなどで非常に多くの人たちと会ってきました。私の引き出しを増やし、豊かにしてくれたのは一つひとつの出会いの積み重ねです。

また私自身も人生で、苦しいこと、悲しいこと、嬉しいことを他の人より多く体験してきました。同じ年齢、同じ境遇の人と比べて私は圧倒的に経験値が高い。だから間違わないと自信をもって言えるのです。

何かを決める時、みんなが「どうしよう、どうしよう」と迷っているだけでは物事は進んでいきません。

私は「こっちに行こう。大丈夫、俺が決めたことは間違わないから」と言います。

誰かが責任をもって決断しないと船出はできません。

「いいか、俺は間違わないから、俺が決めた方向に一緒に進むぞ」

この言葉は物事を動かすうえでどうしても必要な力ですが、自分に自信がなければ言えません。

たとえその結果、嵐にあったとしても、嵐の中でも進んでいける強さにも自信があります。嵐の経験は豊富だし、何より私はハートが強い。

人が苦しいと思うことはほとんど体験してきましたから、ハートでは絶対負けません。むしろ穏やかで波もない海なんてつまらない。いつもそんな気持ちです。

では本当に間違わないのか。

もし間違ってしまったらどうするのか。

その場合も自分の経験と知識を生かせば大抵のことは乗り越えられると思っています。

つまり「間違った場合は俺が責任をもって何とかするよ」までを含めた「俺は間違わ

ない」なのです。

私は修正する能力も高いですから、何があっても致命的な結果にはなりません。

「お互いに骨は折って大変だったけど、うまくいったね」

というレベルで終わらせることができます。

「何があっても責任は俺が取る」

と言われれば、みんな非常に気が楽になります。

だから私は例えば従業員を送り出すときには

「お前に任せたから頑張れよ」

と送り出すのです。責任を取る人間がいればみんな行動しやすくなり、最大限の力が発揮されることになります。

「人づくり」が自分の仕事

私の会社は、千葉県の北西部に位置する八千代市にあります。私は千葉県習志野市に生まれ、ものごころがつく前に隣町の八千代市に家族と引越し、そこで育ちました。

専門学校卒業後、最初は大手ゼネコンで、次は父が経営する工務店で、そして今は自分の会社でと、一貫して建物づくりに関わってきました。

今は個人の家だけでなく、福祉施設や公共工事など仕事のフィールドが広がっていますが、自分はものづくりが好きなんだなあとしみじみ感じます。


大好きな家づくりだからこそ、ゆずれないものもあります。

15年ほど前のことです。忘れられない事件がありました。

高齢のご夫婦からひのきの家を作りたいという依頼がありました。ひのきは、耐湿性、耐水性にも優れ、強靭で災害にも強い天然木材です。ご夫婦は温泉でひのき風呂に入ってから、いつかはひのきの家に住みたいと考えていたそうです。

これから建てるのは年齢的にも人生最後の家、終の棲家になる。だからどうしてもひのきでとの希望でした。

施工はスケジュール通り順調に進みました。

「上棟しましたから、社長、確認に来てください」と担当者から連絡がありました。

「高級な家を、よりお求めやすく」が信条の万葉建設のひのきの家は、非常に人気です。すでに何棟も建てていましたが、新しい家が上棟するたび楽しみで、やや高揚した気持ちで現場へ向かったのを覚えています。

しかし現場を見て唖然としました。そこに建っていたのはひのきではなく杉の家だったのです。

なぜこんなことになったのか。担当者を呼び怒鳴りつけました。

現場監督は「ひのきを使ってほしいという要望は聞いていない」と言います。

営業は「いや、現場監督にひのきでと伝えた」と言い張ります。

どうやら営業と現場の間で重大な連絡ミスがあったとわかりました。しかし言った言わないを繰り返していても、私が怒っていても、現実は何も変わりません。私はこれからの対応を考えました。

こういったケースの解決方法は、お客様に謝って杉の家で引き渡しさせてくださいとお願いするのが、一般的な方法でしょう。

なぜなら一度作り上げた家を壊すのは建設屋にとって非常に辛い。そのうえ使用した木材はその家に合わせて切断し溝などを作っているので、もう他では使えません。

工期も伸びるし、会社にとっては大きな損害になります。ひのきでなく杉を使ってしまった分値引きし、キッチンやお風呂などのグレードを上げて納得していただく。これなら利益は減っても、赤字にはならないようにできるからです。これが建設業界の常識でしょう。

しかし、建設業界の常識とは大きく違いますが、私には壊して作り直すという選択肢しかありませんでした。

「申し訳ございません。明日から壊させてください」

お客様には事情を話して謝罪し、どうしてもやらせてくださいとお願いしました。費用としては３００万～５００万円の赤字、時間もかかります。でも、それが万葉建設のやり方なのです。そこまでやってくれるのかと、ご夫婦には、たいへん満足していただけました。

もし杉の家で納品したら、お客様はその時は納得してもいつか必ず後悔する。私たちが住みたかったのはこの家じゃなかったときっと思う。そして私もずっと心にひっかかったままになったでしょう。

他の会社のほとんどは利益を捨てない方法を選ぶはずです。でも私はたとえ赤字が出ても杉の家を壊してひのきで作り直した選択は正しかったと今も思っています。

「他はやらなくてもうちがやる」

これが私のものづくりです。

そしてものづくりを支えているのは人です。

どんな大きな建物も職人さんたちが打つ一本一本の釘とネジです。だからものづくりを成功させるための人づくりこそが自分の仕事だと考えています。

人には夢があります。悩みもあります。こうなりたいという希望をもっていても自分ではどうしようもない時も少なくありません。仕方ないかと諦めてしまえばそこで終わりです。

そんな人を私は助けていきたい。助け方にも私なりのやり方があります。

釣りに例えてみましょう。釣り糸をたらして時間が経つのに、思うように釣れなくて困っている人がいます。この人のためにはどうしてあげたらいいのでしょうか。

釣り竿を貸してあげる。どうせなら自分が釣った魚をあげてしまう。これは手っ取り早いかもしれませんが、本人のためにはなりません。決して自分で釣れるようにはならないからです。

私なら釣り竿の作り方から教えます。竿の材料や釣り糸も一緒に買いに行って何をどう選んだらいいかアドバイスします。これが私の人の育て方です。

時間もかかるし、手間もかかります。飲み込みが悪くて教える方もイライラするかもしれません。それでも相手が自立できるように教えないと真の人づくりにはならないと考えています。

学生の間は学校で勉強しても、社会人になると学ぶ機会はなかなかありません。人づくりを通して社会貢献することも、私がやりたくてやっていることの一つです。

思えばいつも誰かのためになることをしてきました。だからこそ、今の自分があると確信しています。

しかし私は決して聖人君子ではありません。お金も地位も名誉も大好きです。

頼られたら全力で応える。人を喜ばせながら自分も成長して、売上も増やし続ける。これが私、佐々木俊一の生き方、考え方、働き方。名付けて「佐々木イズム」です。

佐々木イズムが作り出す幸せループの中にご案内します。

第1章

一万枚の葉の笑顔輝く会社を作りたい

死ぬほど働いたゼネコンでの日々

私は1969年3月、千葉県の習志野市に生まれました。

父親は工務店を経営していました。当時の家では大工さんが一緒に暮らし、建具屋さんやタイル屋さん、ペンキ屋さんなどさまざまな職人さんたちがいつも出入りしていました。

朝になると図面や道具を抱えた職人さんたちがやってきます。一緒に現場に向かい、夕方になるとまた私の家に帰ってきました。

家を建てる仲間は家族のようなものなのだと、誰に言われなくても自然に理解できました。その考えは、今も私が従業員や職人さんたちと向き合う姿勢に大きな影響を与えています。

高度経済成長期終盤でしたが、建設業は忙しい時代でした。家族揃ってゆっくり過ごした記憶はほとんどありません。子供心に一番楽しみだったのは、時折仕事場に連れて行ってもらえることでした。

「邪魔になるし危ないから、こっちには絶対来るな！」

と言われ、指定された場所に座って、工事の様子を1日中見ていました。

高い場所にある細い柱の上をまるで綱渡りのように歩いて渡る職人さんたち。重そうな柱を担ぎながら歩いている人もいます。

子供の私は下から見上げて、ドキドキしながらなんてかっこいいんだろうと思いました。

〝建前〟を教わったのも、まだ小学校入学前の幼稚園児の頃でした。〝建前〟は建物の骨組みができたときに行う儀式で、新しい家に災難がないように神様にお祈りします。お供えを並べた祭壇のそばに私はちょこんと座らされていた記憶があります。

今は子供たちに世の中にはどのような職業があり働くとはどういうことなのかを知ってもらう職業体験という取り組みがあります。当時の私は毎日の生活が職業体験そのものでした。

建設屋の息子として生まれ育った私ですが「建設の仕事をしろ」とか「会社の跡をつげ」などと言われたことは一度もありません。また大人になったら何になろうかと子供の頃考えた記憶もありません。

ものづくりに関わる人たちに囲まれて育った私は、自分も大人になったら家を作るのだと、自然に考えていました。そして高校を卒業すると自然に建設関係の専門学校に進みました。

専門学校卒業後は、当然父の会社に入るのだろうとまわりの人たちには思われていました。当時父の会社は多くの建物を手掛けていたので、「専門学校を卒業して働くのにはとてもいい環境だよ」とアドバイスしてくれた人もいました。

しかし売上は順調に伸びていても、家族は決して幸せではありませんでした。父が家庭を顧みなかったためいつも泣かされていた母。

そんな様子を見ていた私は、父の生き方に反発し、別の道を選び東京都内のゼネコンに入社しました。

ゼネコンでの仕事は現場監督です。

まだブラック企業という言い方はなかった頃でしたが、ブラック以上にブラックな、本当にハードな日々でした。

まず自分の家に帰ることはほとんどありません。現場の近くでアパートを借り、50代や40代の先輩と3人で共同生活です。自分の荷物は身のまわりのものを詰めた段ボール箱1つ。私はまだ独身でしたが、先輩たちには家庭がありました。

「カミさんや子供に今年になって何回会ったかなあ」

と先輩たちは笑っていました。

もちろん携帯なんてない時代でしたから、先輩たちはポケットに10円玉をじゃらじゃらと入れて公衆電話に向かっていました。

建設現場の仕事は朝8時から始まります。

一番年下の私だけが先に行って準備をする日もありましたが、3人で車に乗って出発することがほとんどでした。午前中の仕事が終わったらみんなで弁当を食べ、夜は早ければ6時に終わる日も。

しかしそんな日は非常に稀で、夜中の10時や12時まで働く日も少なくありませんでした。アパートに帰らず現場に泊まって翌日また早朝から続きにとりかかることも日常茶飯事。

そしてその現場が終われば自分の段ボール箱を持って、次の現場へ移動です。箱根に行けと言われればすぐ行き、終わったら次は春日部と言われれば移動という生活でした。

残業時間なんて計算したこともありませんでしたが、多分200時間近かったでしょう。もちろん残業代はありません。今の若者たちに同じことをやらせたらみんな現場から逃げてしまうと思います。

寝る時間も十分になく、体力の限界まで働く毎日でしたが、辞めたいと考えたことは一度もありません。子供の頃から父の会社の働き方を見ていたので、建設屋はそういうものだと思っていました。

何よりこの仕事が好きだったし、先輩や職人さんたちと過ごす時間も好きでした。長い1日の終わり、汚れた作業服のままで飲む安い酒の美味しさを知ったのもこの頃です。

ゼネコンの現場での日々は、すべてが勉強でした。先輩たちの話に知らない単語が出てきたら

「それは何ですか？　どういうことですか？」

と自分で納得がいくまで聞いて手帳に書き込みます。材料や道具の名前もそのやり方ですべて覚えました。

もし誰かに聞かれたら必ずきちんと答えたい。経験はまだ浅いが、知識では誰にも負けないようになりたい。

そんな一心で仕事が終わってからは自分が書いたメモを何度も読み返しました。

インターネットなどなかったので、誰かに教えてもらうしかない時代でした。職人さんたちの会話にも首をつっこんで質問ばかりしていたので、面倒な奴だと思われていたかもしれません。

しかしわからないことを人に確かめて解決するのと、そのままわからない状態で放置するのとでは雲泥の差が出ます。

自分は仕事に関するすべてをここで吸収するのだと決めていました。その日に覚えたこともすべて日記のように手帳に書き込みました。記入した手帳は15冊以上になりました。今でもすべて手元に残っています。引き出しの奥から取り出して色褪せた手帳のページをめくると、当時はこんなことも知らなかったのかと笑ってしまいます。しかしこれが私の糧になっているのは間違いありません。

あれから30年あまり経ち、私も教える立場になりました。今の従業員たちは、わからないことがあるとすぐスマホで調べようとします。

検索すれば何でもわかる便利な時代ですが、簡単に手に入った情報はすぐに忘れやすいものです。記憶として定着しません。

私は「スマホで調べるな。俺に聞けよ」と部下たちに言います。

そして「教わったことは全部手帳に書いておけよ」とも言います。

疑問をもつ、人に質問する、自分で理解する、手帳に自分の手で書く。この4ステップで、知識が定着することを、私が一番知っているからです。

まだ若く経験も少なかったゼネコン時代は、大きな仕事は任されませんでした。

しかし小さな現場には小さな現場のよさがあります。所長と私の2人だけの現場もありましたが、その分、一から十まで幅広くさまざまな経験をすることができました。

小さな工事でも何か月もかかりますから、近隣の方たちとよい関係を保つことも重要になります。隣で他の会社が団地を建設していたこともあり、対外的な折衝の方法なども学びました。

そしてゼネコンに入社して5年。これからもっともっと学んでいこうと思っていた矢先、父が倒れたという知らせが届きました。

人づくりの鬼の仕事術

①検索するな、人に聞け

②大事なことは書いて覚えろ

③小さな現場の良さを利用しろ

父の会社はどっぷり昭和の工務店

父と母の離婚以来、父とは縁を切っていました。その父から「体を壊したので会社を手伝ってほしい」と、幾度となくせがまれたのです。

あの強気な父がこんなことを言うなんてと、驚いたと同時にショックを受けました。

建設屋の息子に生まれても、父の会社を継ぐことはそれまで一度も考えたことはありませんでした。しかし事情が事情です。ゼネコンを辞め父の会社に入社しました。


そこで目の当たりにしたのは、地場の工務店の悪しき慣習の数々です。

労働時間の長さはゼネコン勤務でも経験していましたが、それ以上でした。

朝早く、夜遅いだけでなく、納期に間に合わせるために夜勤や休日出勤が続くことは珍しくありません
元々日曜しか休みがないので結局連勤につぐ連勤です。

暑くても寒くても雨でも作業が続きます。

その結果労働環境の悪さから退職する者も後を絶たず、常時人手不足状態。ますます

忙しくなり、さらに労働環境が悪くなるという悪循環に陥っていました。

またお金の問題についても唖然としました。業界全体の体質としてどんぶり勘定だということは以前から知っていましたが、内情は想像以上でした。

建設業は大きなお金が動くため、資金繰りが難しい世界です。下請けへの支払いが遅れることも日常茶飯事でした。

収支の管理のいい加減さを指摘しても、他の会社も同じだからと、父も他の社員も聞く耳をもちません。

「こんな古い考え方の経営を続けていては、社員も取引先も幸せになれないし、会社も伸びない」

「下請け業者にも、約束した金額はきちんと払うべきだ」

何回、何十回と父に言いました。

しかしいつも父の返事は

「建設屋の世界はそういうもんだよ。お前もそろそろ理解しろ」

でした。

父の会社に入って10年ほど経った頃でした。

考え方のまったく違う父の下で働き続けることに疑問をもち、葛藤を抱え悶々としていた時、ある先輩から「佐々木、何か悩みがあるなら、とてもいい会計士の先生がいるから、一度会ってみないか」と声をかけられたのです。

会ってみると、一見ぶっきらぼうですが、とても的を射たことをおっしゃる先生で、その時の自分の悩みを正直に打ち明けました。

「それは簡単だよ、佐々木さん。初対面でこんなことを言うのもなんだけど、今すぐ会社を辞めて、自分でやっちゃいなさい」。

その一言が、迷っていた私の背中を最後に押してくれました。2004年の終わりごろのことです。

もうここにいてはだめだ。悪しき業界体質とは縁を切ろう。父の会社を辞めて、まったく新しい会社を作ろう。そう決意しました。

そのとき私は35歳。専門学校を卒業後22歳でゼネコンに就職して以来、父との二度目の決別でした。

理念をもって独立を決意したものの…。

「父親の会社を辞めて自分の会社を作ろうと思う」

「建設の仕事が好きだからこそ、建設の世界を変えたい」

「悪い〝当たり前〟を一掃して、新しい建設会社を作りたい」と妻に話したのは、父の会社に辞表を出す前夜でした。

「だって、もう決めたんでしょ？　いいんじゃない？」妻は笑って頷きました。


2005年に夫婦二人で会社を始めました。

社名は万葉建設。「一万枚の幸せの葉でおおわれた木のような会社に育てたい」という思いから生まれた「万葉」です。

葉の一枚一枚が大切ですし、葉が大きくなれば木も大きくなります。逆に葉が枯れれば木も弱ってしまいます。

自分の会社に関わる人たちが幸せな一枚の葉になることで、木が大きくなるように成長したいと考えていました。

私と妻が最初の2枚で、たっぷりと太陽の光を浴び水と栄養を得て、4枚になり8枚になりやがてたくさんの葉が生い茂った立派な木になる。そんな理想を掲げていたのですが、現実は甘くありません。

父の会社で10年ほど働き、最後は専務として会社の仕事の99％まで任されていました。しかし父と決別しての独立ですから、お客さんも、懇意にしていた業者さんも全部会社に残して、ゼロから、むしろ創業のための借金をかかえて、マイナスからのスタートです。

私は一日中営業に回り、妻は電話番。

仕事の電話が入ったらすぐ俺に連絡しろと言って毎日出かけたのですが、電話がまったく鳴りません。たまにかかってくる電話はいろんなセールスでした。

売上がないわけですから、当然無収入です。貯金をくずし、妻の実家から届く野菜や米を食べて生活しました。

このまま仕事がなかったらどうしようと不安になるばかりでした。腹をくくって父の会社を辞め独立した以上、もう引き返すことはできません。

やっと初めての仕事が入ったのは、創業して3か月後。

青年会議所の先輩が経営していた老人ホームの玄関ドアの塗装で、総工費5万円でした。万葉建設、記念すべき一件目の仕事は今も忘れません。

玄関ドアの塗装という小さな仕事でしたが、先輩はとても満足して「初めてだったけど、佐々木くんのところに頼んでよかったよ」と、何度も言ってくれました。

その先輩とは長いお付き合いが続き、その後、先輩が経営するその他の施設の工事なども、万葉建設で施工することになりました。

5万円がわずか数年で何百倍にもなったのです。小さな仕事も丁寧に、誠心誠意やることが、大きな成果につながりました。

SASAKI-ISM

人づくりの鬼の仕事術

④関わる人すべてが幸せになる組織を目指せ

⑤どんな小さな仕事も大事にしろ

何度裏切られても

私にとって従業員は家族同然。創業した時から、建設業界にありがちな人を使い捨てにするようなやり方は絶対しないと決めていました。お互いに信頼できる相手でなければよい仕事はできないと考えていたのです。

人を見る目、従業員を選ぶ力には自信があると思っていましたが、失敗した経験もあります。

仕事が少しずつ増え、私と妻だけでは対応しきれなくなったため、創業2期目で初めて社員を採用しました。私と妻以外の従業員が3人になった頃のことでした。

現場監督ができる人間が増えると、お客様のさまざまな要望に応えられるようになり仕事の幅も広がります。万葉建設の形が少しずつできてきたなと、私も少し安堵していました。

その3人の中のひとりは私より5歳位年下でしたが、建設関係の資格も持ち知識も豊富で優秀な人物でした。

さらに経験を積めば将来は万葉建設の中核になるに違いないと思っていました。ゆくゆくは私の次の社長を任せたいと考えていたほどです。

ですから私の知識ややり方をすべて教え、

「いつかこんな家を作りたい」

「10年後、20年後の万葉建設はこんな会社にしたい」と酒を飲みながらよく話したものです。

万葉建設の仕事が増えるにつれ、彼も非常に忙しくなりました。早朝から深夜まで現場で働き、休日出勤も続き、彼の表情も疲れていました。

しかし私自身ゼネコン時代はそれ以上働いていましたし、彼のキャパシティを超えているとは感じていませんでした。

ある日相談があると彼に呼び出されました。

「手一杯で忙し過ぎて苦しいです。もう限界です、社長」と言うのです。

そうか、じゃあ少し仕事を減らそうと、担当を変えました。

その後彼の様子を見ていたのですが、やはり顔色が冴えません。疲れがたまりすぎているのか、集中力が落ちて、普段ならしないようなミスもします。仕事を減らしてもまだ処理しきれないのだろうか、どうしたものかと私も迷っていました。

そして、残暑が厳しい9月半ばのことでした。彼が現場に現れません。2つの現場が同時進行していた時期だったのですが、どちらにも来ないのです。

一番頑張らなければいけない時期に無断欠勤が続きました。何度電話してもつながらず、行方不明状態です。どうやら夜逃げしてしまったらしいとわかりました。

大事な現場を放り出すなど、建設屋として決して許されないことです。怒りと同時にそこまで彼を追い詰めてしまった自分を責めました。

有能な従業員に夜逃げ同然の行動をさせてしまったのは、社長である私の責任です。彼が担当していた案件の対応に追われながら、自分の経営者としての無力さに打ちのめされていました。

「社長のとこにいた○○さんから仕事を頼まれたんだけど」

と協力業者から電話がかかってきたのは、彼のお客さんに事情を話し謝罪しているときでした。

あいつから仕事？　どういうことだ？

電話もつながらず行方不明なのに。最初意味がわかりませんでしたが、やがて「そういうことだったのか！」とすべてがつながって、愕然としました。

彼は忙しさのあまり心が弱ってしまったふりをしながら、独立の準備をしていたのです。

私の仕事を見てこれなら自分でも社長になれると考えたのでしょうか。私に教わったことを生かして経営し、もしかしたらうちのお客さんを取ってやるぐらいの気持ちもあったのかもしれません。

私の話を熱心に聞くふりをしながら心の中で「万葉建設ぐらいの仕事だったら自分でやった方が儲かるし、自分ならもっとうまく経営できる」と笑っていたのかと想像すると、冷や水を浴びせられたような思いでした。

誰も知らないところで私がどれだけ苦労しているかも知らず、社長の仕事なんて楽そうだと決めつけていたのかもしれません。

彼の会社はその後うまくいかず建設業界を離れたと聞きました。建設業界ではよくある話なのですが、私自身、これほど人に裏切られたのは初めてだったので、非常にショックを受けました。

それから数年後、わが社の求人を見て応募してきた人がいました。

私より年上で、大手ゼネコン勤務後自分で会社を経営していたこともあり、経験も人脈も豊富でした。それなのに偉ぶらずいつも尽くしてくれて、まるで三尺下がって師の影を踏まずのような態度で私に接する人物でした。

協力会社や取引先への評判もよく「社長、あんないい人、どこで見つけたの？」と、みんな口々に言います。

私は彼を会社のナンバーツーにして、心から信頼していました。彼も大規模マンションやゴルフ場の開発工事などの大きな案件を持ってきてくれ、期待に応える働きをしてくれていました。

よくよく考えてみれば、自分の会社まで経営していた人が、なぜ雇われようと思ったのでしょう。しかし、当時の私はそこに何の疑問も感じることはありませんでした。

やがて彼が飲食店の領収書を経費として経理にまわしてくることがだんだん増えてきました。

当時は妻が経理を担当していました。

「また領収書がきたわよ」

「今回は金額も大きいんだけど」と私に話すことが増えてきました。

それでも大きな仕事を獲得するために必要な接待費用なんだろうと疑いもしませんでした。

「いつも頑張ってくれている若いやつらに酒を飲ませたくて」と言っていたこともあります。

でも事実は違いました。ある若い従業員が「○○さんに飲みに誘われてついていったら、労働組合を作ろうと言われました」と私に教えてくれました。

「従業員みんなで一緒になって佐々木社長に一泡吹かせてやろうじゃないか」と相談していたのです。

二度にわたる裏切り。それも心から信頼していた従業員の裏の顔を知ってしまい、どうして人間はこうなってしまうのかと深く悩みました。私の脇が甘かったのかもしれません。

人は弱い生き物です。自分の利益を考えるあまり、誰かを裏切り大切なものを失ってしまうこともあります。

元々悪い人ではなくても経済状態や環境などによって、どんな失敗でもおかしてしまう可能性を秘めています。

特に大きなお金が動きルーズな体質がある建設業界は、誘惑も多い世界なのです。

では人は信じない方がいいのか。

いつも注意深く疑っていた方がいいのか。

私はそうは思いません。それは当時も今も同じです。

仕事も会社も、支えているのは人の力、人と人とのつながりです。どんな時も基本になるのは、経営者と従業員といった仲間と仲間の信頼関係だと考えています。

だから何があっても私は人を信じることをやめなかったし、これからもずっと信じ続けるつもりです。むしろ誰かを騙すより騙される方がいいくらいです。

例えば仕事を発注する側に立って考えてみましょう。

社員同士、上司と部下が疑い合っているような会社に仕事を依頼したいと思いますか。

自分の大切なお金を預けて家づくりを任せたいと思いますか。

一番大切にすべきは人であるという強い信念は、私の中で一度も揺らいだことはありません。

私の会社万葉建設が成長できたのは、その信念が正しかったことの証明ではないでしょうか。

なぜ人を大事にし、人に尽くしながら会社は伸びたのか。次章から具体的にお話ししていきます。

SASAKI-ISM

人づくりの鬼の仕事術

⑥人を信じることがパワーになる

⑦裏切られても信念は変えない

第2章

ピンチは常識の壁を超えるチャンスだ

社員満足が会社を伸ばす

「ESなしでCSなし」という言葉があります。

「ES」とは、「Employee Satisfaction」の略で、「従業員満足度」と訳されます。仕事内容や労働環境、待遇、人間関係、福利厚生など、従業員の仕事や職場に対する満足度を表す指標です。

「CS」は、「Customer Satisfaction」の略で、顧客が製品やサービスにどのくらい満足しているかということの指標になります。

つまりESを向上させることがCSの向上につながり、会社の業績アップにもつながるということです。

そのため最近では多くの企業が経営課題としてESを重視していると言われています。

では万葉建設はどうか。

万葉建設ではESやCSなどという言葉がしきりと言われ始める前から、社員満足を一番に考えてきました。

前述したように、建設業界の働き方はハードでブラックなのが当然のこととなっています。

私が若い頃は「死ぬほど働け」と言われていた時代でした。職人さんたちは現場で夕方まで仕事をして、6時頃になると帰ります。

現場監督たちはそれからまたひと仕事もふた仕事もしなければなりません。

例えば翌日の作業の準備や図面作成、書類の整理など、やらなければならないことはいくらでもあります。

追い込みの時期になると近くに借りているアパートに帰る時間もなく、折りたたみいすを並べ即席ベッドを作り現場事務所で寝泊まりした日もありました。

私自身はあまり苦ではなかったのですが、やはりそういう働き方は普通ではありません。

若い人だけでなく年配の人たちも同じような労働環境でした。これではみんな疲弊してしまいます。

万葉建設も創業当時は、私の若い頃と同じような状態でした。就業規則に定めてある労働時間、朝8時から夕方5時半までを守れずに、みんな目一杯働いていました。どこの建設会社でも夜9時、10時までが当たり前で、6時前に帰るところなどありません。「一万枚の幸せの葉でおおわれた木のような会社に育てたい」という理念を掲げて作った会社ですが、創業当初は毎日必死です。とにかく黒字にしたい、一日も早く会社を大きくしたい思いで、がむしゃらに働いて、社員も働かせていました。

そうすると、やはり社員は疲弊しますし、離職者も増えます。経営者としても、心が疲れてきます。

こんなことではいけない。なんとかしなければ・・・と思い続けていました。

「変えたい、変えたいと考えているくらいなら、もう変えてしまえばいい！」

そう決意して、10年ほど前から「5時半になったら帰ろう！」という方針に転換したのです。

従業員を働けるだけ働かせて稼ぐというのが、建設業界の慣習でした。それをぶっ壊してみよう、責任は自分が取ればいいんだからという思いでした。労働環境を整理して、従業員に適切な努力はしてもらうけれども無理な努力はできるかぎりさせない。これが私の社員満足を向上させる第一の方針です。

早く帰れば、自分の時間をもつことができるので勉強もできます。建設関係の資格を取るための勉強を始めた従業員もいました。一人ひとりがキャリアアップすれば、必ず会社にもプラスになります。

まだ子供が小さい若い従業員は、家族と過ごす時間が増えたと喜んでくれました。子供や奥さんの笑顔を見ているともっと仕事を頑張ろうという気持ちになるそうです。彼はますます会社のために働いてくれるはずです。

社員一人ひとりが伸びれば、必ず会社も伸びるのです。逆に社員が成長しなければ、会社の発展は望めません。

しかし数時間以上早く帰ってしまって支障はないのか。

決めた私も最初は半信半疑で、あまり自信はありませんでした。だめならだめで仕方がない。会社が潰れたら、また現場監督からやり直せばいい。そのくらいの覚悟をしていました。

ところが、どうでしょう。

仕事はちゃんとまわっていったのです。むしろ長時間労働だった頃よりもミスやトラブルもなくなり、現場の雰囲気もよくなりました。納期に間に合わないようなこともありません。

では厳しい納期を要求されたらどうするか。

その時は、私が発注先と話し合います。社員を守り、社員満足を実現するのは、経営者の仕事であり責任でもあります。

そして社員満足の根底にあるのは、雇用の継続です。収益を上げ続けなければ会社は守れないし、社員に働き続けてもらうこともできません。これも経営者としての私の責任です。

利益をきちんと残し、会社として5年後も10年後も20年後も存続していくために、一人ひとりの従業員が幸せを感じながら働いていてほしい。

そんな社員満足を意識しながら経営するようになったこの10年、離職者はほとんどいません。

同じ会社に長く勤め続けることは、従業員にとってもメリットが多いものです。

会社の仲間と人間関係や信頼関係を構築できるうえに、会社の仕組みやルールが理解できているので仕事のパフォーマンスも上がります。

目一杯働かせて、退職されたらまた雇えばいい。そんな従業員を使い捨てにするような会社に未来はないし、利益も上がりません。

人を大切にする。社員満足を常に意識する。言葉にすると当たり前のことなのですが、実はそれが難しいのです。

あえて業界の慣習に抗ってでもやり続けることが会社を伸ばす鉄則なのだと信じています。

SASAKI-ISM

人づくりの鬼の仕事術

⑧社員が5時半に帰っても会社は伸びる

⑨社員満足は社長が守れ

⑩人を使い捨てにする会社に未来はない

社員は「紐なしの鵜」

ではその社員たちをどのように管理しているか。私のマネジメントのスタンスは、たとえて言うなら「紐なしの鵜」方式です。

岐阜県の長良川などで行われている鵜飼。鵜匠が紐をつけた鵜を川に放って魚を捕る漁法で、夏の風物詩です。

私を鵜匠、従業員を鵜に例えるなら、私は紐をつけません。紐なんてつけたら、社員たちは自分で考えて動けないばかりか、紐が首にかかって苦しくなってしまうかもしれません。だから基本的には「紐なしの鵜」なのです。

それぞれに達成すべきミッションを与えて、さあ行ってこいよと私は彼らを送り出します。

仲間になってくれる業者さんを探すのも、プランを立てるのも、全部彼ら自身に責任をもたせてやらせます。

今進行している仕事については私より担当者の方がよく知っているはずだし、何より私は彼らを信頼しているからです。

責任を与え自由にやらせる。その蓄積は、一人ひとりを大きく成長させます。

万葉建設ほど従業員に大きな権限をもたせているところは、建設業界にはほとんどないかもしれません。

でもこれだけは必ず言います。

「困った時は必ず帰って来いよ。俺があとはなんとかするから」

だからみんな安心して最大限の力を発揮することができます。

火だるまになる前に戻ってきてほしいのですが、火がついたとみんな私に言い出しにくいらしく、ほぼ丸焼けの状態になってから帰ってくるケースも珍しくありません。

しかし、どんなに炎が燃え盛っていても、私は必ず消します。火事にはしません。従業員が抱えた問題を解決するのは、社長の役目です。

もちろん一人ひとり能力の違いはあるので、自信がなさそうな社員には

「君のできることは何か」

と聞きます。

そして
「もっと成長したいのか、今のままでいいのか」

と確認し、本人の希望に合わせたミッションを与えます。

上昇できる社員もいればできない社員もいるし、何回教えてもできないタイプもいます。それぞれの個性を理解するのもやはり社長の仕事です。


これも10年以上前の話ですが、個人の住宅を作ったとき、こんなトラブルがありました。

最初3000万円の予算で始まった案件だったのですが、契約前に営業の社員が、「あれもできます」「これもできます」と、さまざまなオプションを提案していたことが、着工後に判明したのです。営業としては、契約を取りたい一心だったのでしょう。

ところがその情報が、現場と共有されていませんでした。予定になかった工事が追加され、外注の業者さんに払う費用も増え、総費用は当初の3000万円から2500万も増え5500万円になってしまったのです。

もちろん無断で工事を進めたわけではなく、変更や追加が必要になるたびにお客さんに報告して了解を得ていたと担当者は言うのですが、お客さんは知らないと言う。勝手に追加工事を行ったのだから、当初の３０００万円しか払わないと言われ、担当者は困っていました。

担当者がもう何をやっても話をまとめられないというので、私がお客さんのもとに向かいました。

話を聞いてみると、確かに営業と現場の工事担当者の間でコミュニケーション不足があったかもしれない。ただやはりお客さんの方の主張に無理があると感じました。

さてどうすべきか。

最初３０００万円という話だったんだから３０００万円しか払わないと言うお客さん。しかし実際は５５００万円かかっている。このままでは、うちは２５００万円の赤字になる。それでも大工さんや下請け業者さんたちに支払うお金を減らすわけにもいかない。

頭を抱えたい気持ちでしたが、私は「これ以上の追加、変更の工事はありませんね」と、一言確認を取った上で、お客さんの目を真っすぐ見て言いました。

「わかりました。うちの従業員たちが管理できなかったために起きたことです。ご迷惑とご心配をかけたことはお詫びいたします。お客さんの言うように３０００万で完成させます」

これが経営者としてのジャッジでした。お客さんが一瞬驚いた顔をしたのを覚えています。同じような対応をする建設会社はほとんどないだろうと思います。

2500万円の赤字は、会社にとっては大損害です。それでもこの3000万円ではできませんと工事を中止することは、建設屋としては絶対許されないし、会社にとってもマイナスが大きいと判断したわけです。

私のジャッジを見た従業員は、小さなコミュニケーション不足がどれほど大きな損害につながるか、身にしみてわかるでしょう。

二度と同じ間違いをおかさないように努力してくれるはずです。そして、どんなときにも最後の最後は社長がかたをつけてくれるとわかっていれば、委縮することなく思う存分それぞれの力を生かしてくれます。

腹のすわった態度を見せることは、経営者の重要な役割の一つだと思うのです。

SASAKI-ISM

人づくりの鬼の仕事術

⑪ 社員には権限をもたせろ

⑫ 何があっても解決するのが本当の経営者だ

下請けを泣かせてはいけない

お客さんから直接仕事を請ける会社や企業を『元請け』と呼びます。

そして元請け企業が請けた仕事を発注されるのが『下請け』です。

この本の中ではわかりやすさのために『下請け』と書いていますが、私はこの呼び方が好きではありません。それは『元請け』『下請け』という言い方に上下関係を感じるためです。

仕事には上も下もなく、関わるすべての人たちの協力で成り立っています。

私は一緒に仕事をしてくれるパートナーだと思っていますから、『下請け』ではなく『協力業者』と呼んでいます。

これは私だけでなく万葉建設の社員はみんな同じ気持ちです。

私が変えたいと思った建設業界の慣習には、労働環境の悪さに加えて下請けとの付き合い方があります。

建設業界では下請けいじめが珍しくありません。だから自分の会社を作ったら必ず下請けを大切にすると決めていました。

家を作る時、私たち施工会社は下請けとなって工事を行う職人さんたちに仕事を依頼します。大工さんや、内装業者さん、鳶職など、専門性の高い人たちで、家づくりにはなくてはならない存在です。

しかし下請けは、どうしても元請けに対して立場が弱くなってしまいます。仕事を発注してくれる元請けに理不尽なことを言われても強く言い返せないのが実情です。

最初に決めた手当を支払わず、不当な減額をする。

元請けの都合で支払い時期を遅らせる。

とうてい無理な工期を要求する。

このようなことが日常的に行われていては、建設業界自体がだめになっていくと感じていました。

私は、社員と同じように下請け業者さんも大事にします。下請け業者さんは、1人、2人でやっているところから大きな会社までさまざまですが、どこも本当に苦しい。

例えば月末締めの請求を10日に払ってほしいと言われた経験もあります。他の会社はどこもやらないでしょうが、うちは10日に振込みます。

万葉建設が成長し大きくなるにしたがって、受注する仕事も大きくなってきました。5億円、10億円の仕事は嬉しいです。学校や病院、老人ホームを作ってくださいと発注されるのは、建設屋としてやりがいを感じます。

しかし大きな仕事ばかりだと、1人、2人の職人さんだけでやっている下請けさんは現場に入ることができません。それでは彼らは仕事がなくなり困ってしまいます。

万葉建設では、たとえ1万円の仕事でも請負わせていただいています。私はこれまで一緒に汗を流した人たちのことは、会社がどんなに大きくなっても大切にしたい。だからその人たちの仕事も意識して作っています。私の会社と縁があった人とはずっと付き合っていくようにしたいのです。

私が下請けさんたちを大切に思っているのと同じように、下請けさんたちも万葉建設のことを第一に考えてくれています。

例えば他の会社の現場監督さんが転職を考えている。少し前に退職して今は仕事をしていないようだ。そんな話があると必ず私の会社を紹介してくれます。

下請けさんが見て間違いないと思った人物は必ず優秀です。実際そういった経緯でうちに入社し活躍している社員は何人もいます。

日常的に下請けさんを大事にしていれば、自然に良い業者さんが集まってきます。うちの仕事のクオリティも上がるし、「万葉建設は良い職人さんたちをたくさん抱えている」と言われるようになれば、新しい仕事も増えます。

下請けさんたちも万葉建設のためならと頑張ってくれます。すべてが好循環、みんなが幸せになりながら会社も成長できるのです。

人づくりの鬼の仕事術

⑬ 下請けいじめは諸悪の根源

⑭ 業績を伸ばしたいなら下請けを大切にすべし

〝真っ当に生きる〟が信頼を生む

建設業界はさまざまな問題を抱えています。

例えばここ数年話題のウッドショック。建設用木材の供給が需要に追い付かないために起こっている木材価格の高騰のことで、〝オイルショック〟になぞらえた言い方です。元々木材の流通量は減少傾向だったのですが、コロナ禍による輸出規制でさらに供給量が不足してしまいました。

日本は国内で流通している木材の6割以上を輸入に頼っているため、非常に深刻な問題となっています。これまで1万円だった木材が3万円になっているような状態です。

万葉建設で、ちょうど2億円規模の仕事を請けていたときのことです。その施工途中で、材木の価格がグンと上がってしまったのです。その施設は老人ホームでした。

ここでの選択肢はいくつかあります。

ひとつは、基礎部分だけ作って、材木が安くなるタイミングまで待ってほしいと、お客さんにお願いする。

町の工務店さんなら、こういう方法をとるかもしれません。でも、それでは老人ホームへの入居を待っている方が困ってしまいます。

もうひとつの方法は、高くなった分の原材料費を、価格に上乗せする。契約上は、なんの問題もありません。大手のゼネコンなら、こうするでしょう。

でもそれをやったら、お客様の事業が成り立たなくなってしまいます。

万葉建設が選ぶのは、第三の選択肢です。

一度請けた工事の納期は伸ばしません。請求金額も変えません。最初に契約した通りの予算とスケジュールで工事を進めます。

もちろん、材木の価格が上がったことに、万葉建設にはなんの責任もありません。だからといって、それをお客様に押し付けるのも違う。

会社の利益は飛んでいくけれど、それでもそれが正しいという感性なのです。うちができることは全部やる、という姿勢です。

もちろん、迷いました。

それでも青ざめている現場監督には、

「オレも自分のネットワークを駆使して頑張るから、少しでも損害が少なくてすむように一緒に考えよう。でも、今は決断するしかないから、前に進もう」と、声をかけました。

お客様には、「約束通りに建てるから心配しないでください」と伝えました。

創業以来、利益をどう上げるかよりも顧客満足度をどう上げるかを第一に考えてやってきました。

会社がつぶれるかと思ったこともあります。1年近く自分の給料が出なかった時期もあります。

妻が貯金を崩してくれて生活したこともありましたが、従業員の給料と下請け業者さんへの支払いは1日たりとも遅らせたことはありません。

〝真っ当に生きる〟という言い方があります。

何があってもその場から逃げず、正直に生きる。そんな思いで建物を作り、会社経営をしてきました。

自分に嘘をつかずに生きてきたので苦労の連続でしたが、自分の選択が間違っていたとは思わないし、一度も後悔したことはありません。

その結果信頼が築け、会社が成長したことこそが、私の生き方が間違っていなかったことの証明だと確信しています。

SASAKI-ISM

人づくりの鬼の仕事術

⑮利益よりもお客さんを第一に考えろ

⑯従業員の給料と下請けへの支払いは何があっても遅らせるな

すべての判断基準は〝その仕事が人のためになるかどうか〟

経営者の判断には大きな責任があります。

そして会社経営は判断の連続です。

判断に成功し続ければ会社は成長しますが、失敗すれば窮地に陥ってしまう場合もあります。

従業員や従業員の家族の生活も、私の判断にかかっているわけですから失敗は許されません。


私の判断基準は、どんなときも同じです。

人のためになるかどうか。それだけです。

〝人のために〟で判断すると、すぐには利益につながらないことも多いです。赤字や負債を抱えてしまう場合もあります。それでも次の判断も同じ〝人のために〟です。

同業他社は「万葉建設はなぜあんなことをやっているんだろう」と考えているかもしれません。

しかし何があっても〝人のために〞を貫けば、深い信頼が生まれ、必ず会社にプラスになるのです。

数年前のことです。

1億円の予算で自宅を建てたいというお客さんがいました。大きな仕事です。会社としてはやはり嬉しいです。

ところがよくよく話を聞いてみると、不必要な設備やオプションなどをいくつも付けようとしている。もちろんそれらをつけた方が会社の儲けにはなります。しかし私は、お客さんが無駄なことにお金を使おうとしているのをどうしても見過ごすことはできませんでした。

そこで「8000万で作りましょう。1億もかけるのは無駄です」とお客さんに提案しました。

お客さんはとても驚いた顔をしていました。

こんなとき「もっとオプションをつけて1億2000万で作りましょう」と言う建設屋はいるでしょうが、もっと安く作りましょうと言う会社は万葉建設だけでしょう。

目先の利益ではなく最も相手のためになる方法は何かをいつも考える。本当の信頼関係はここから生まれます。

次に何かを建てようと考えたとき、必ず万葉建設を選んでくれるはずです。

業界慣習についても同じです。

建設業界には悪しき慣習が数々あります。自分の会社を作ってから、人のためになっていない慣習は、自分が何とかしなければならないと強く思うようになりました。

長年続いていた業界の〝当たり前〟を変えることは本当に大変でした。それでも〝人のために〟を考えて〝万葉建設のやり方〟を少しずつ作ってきました。

人のためになることをやりながら、きちんと利益を残す。会社を成長させる。

万葉建設のそんな成功事例を見て、建設業界自体が少しずつ変わっていったらと願っています。

SASAKI-ISM

人づくりの鬼の仕事術

⑰どんなときも〝人のために〟を貫け

⑱悪しき〝当たり前〟は変えてしまえ

第3章

人たらしの8割バッター

みんなが私を好きになるのはなぜか

私と会った人は、私を好きになります。

さすがに全員ではありませんが、約8割の人は好きになります。つまり人たらしの打率は8割バッター。イチローの2人分です。

だから万葉建設への発注は、私を知っている人からの紹介が大部分です。紹介してくれるのは銀行や保険会社の場合もありますが、一番多いのはうちのお客さんからです。

例えばうちがある会社の工場を作ります。

完成するとその会社の担当者は万葉建設を好きになって知り合いの会社に紹介してくれるのです。

そこで私が先方に会いに行けば、契約はすぐに決まってしまいます。社長自らトップ営業マンです。

なぜみんな私を好きになるのか。

私は「仕事ください」とか「いい会社ですね」というようなことは言いません。

先方の会社に問題点があると気づいたら、社長が私より年上であってもはっきり伝えます。

「社長の考え方で、よくこれまでやっていましたね。安全管理のやり方も工場の建て方もおかしいですよ」と、ある会社で話したことがあります。

先方は新しい倉庫を作りたいだけだったのですが、私は悪いところを指摘しました。

私をその会社に連れて行った銀行の担当者は、目を白黒させて驚いています。当然ですが他の建設会社からそんなことを言われた経験はなかったそうです。

初めて訪問した会社でも、車を停めて工場に入って応接室まで何十メートルか歩けば、多くのことがわかります。

物の管理の仕方、建物のメンテナンスはきちんとされているか、従業員が働きやすいような設備をつけているかなどが見えるのです。

社内の人間は意外に気がついていないことを教えてあげる。これが私の営業です。

「佐々木さんのような人たらしになるにはどうすればいいのでしょうか」

そんな質問をされることも多いです。

特別な方法論は必要ありません。誰でもすぐに実践できるポイントをご紹介します。

①人に会う機会をできるだけ増やす

仕事でもプライベートでも、私は人と会うことが大好きです。忙しくても人と会う時間は減らしません。むしろ時間は作るものだと思っています。

自分と同じ考えの人もいれば、まったく違う人や反対の考え方の人もいます。どんな人であってもできるだけたくさん会って経験値を増やせば、コミュニケーションスキルが上がります。

ここ数年仕事ではリモートでのミーティングも増えてきましたが、やはり実際に会うのが一番です。

私の方針は〝どリアル〟です。会うことからすべてが始まります。

②人脈づくりを意識しない

私は「この人に会えば仕事につながりそうだ」「この人からビジネスチャンスをもらおう」と考えて人に会っているわけではありません。ただ人に会うのが楽しい、人と話すのが楽しいという理由だけです。人脈作りを目的にした打算的な態度は、すぐにボロが出るものです。

「この人を利用しよう」とも考えません。逆に自分が相手のためになるなら、利用されてもかまわないと思います。

「僕はこんなことができるよ」と、相手のプラスになる情報を提供し信頼関係を築いていきます。その結果何かしらのビジネスなどにつながっていくケースも多く経験してきました。

③相手のプラスになるアドバイスをする

相手に好かれようとして、やたらほめる人がいます。しかしただほめるだけでは、表面的な付き合いしかできません。

私はたとえ初対面の人にでも、伝えなければいけないと思ったら、悪い点を指摘します。相手にとって耳が痛いことも、意識的に言うようにしています。「こうしたらもっとよくなる」を教えるから、一度会った人は私を忘れません。

④紹介されたい人になる

私は仕事でもプライベートでも、人を紹介される機会が多いです。そんなとき私と初めて会う人に、私のことを話してくれるのは、その場に私を連れてきた知人や友人です。仕事のこと、ボランティア活動のこと、家庭のこと、子供が8人いることまで、話は次から次へと出てきて尽きません。相手も興味をもって聞いてくれます。その様子を見ている私も幸せな気持ちになります。

自分から何も言わなくてもまわりが私を紹介してくれるようになれば、みんなからますます信頼され、私のファンも自然に増えてくるのです。

⑤「誰がどこで見ていても」恥ずかしくない行動をする

私はひとりで夜中まで事務所に残っている日も多いので、会社には2時、3時まで電気がついています。

「佐々木社長は今日も頑張っているな」

みんなが私を好きになってくれるのは、私が誰よりも頑張っているのを認めてくれているからだ。そう信じています。

もちろん、人に見られようと思ってやっているわけではありませんが、「誰かがどこかで」見ているものです。だからこそ、誰も見ていないだろうと思っても、自分に恥じない行動をしようと心がけています。

人づくりの鬼の仕事術

⑲一度会ったら忘れられない「人たらし」になれ

⑳褒めるより忠告することも時には必要

社員採用面接では、ここを見る

私は社外の人に従業員のことを話すとき無意識に「うちの子たちは」と言ってしまいます。これは私にとって従業員は、仲間以上の存在で、家族同然と考えているからです。私がお父さん、妻がお母さんです。

社員採用の面接は、すべて私がやっています。応募してくる人たちはみんな資格や経験についてアピールします。

「一級建築士の資格をもっています」
「年間20棟ずつ建てています」
「この業界に何十年います」

資格をもっている人や経験値が高い人は、確かに即戦力になりありがたいのですが、資格なら入社してからいくらでも取れるし、経験も積める。

私が一番重要視するのは、入社して何をやりたいか、人のために心を砕けるかです。

言われたことだけやっていればいいという人や、ほどほどに働こうという人は採用しません。

また自分ひとりで何でもできると思っているような人は、いくら経験や資格があっても万葉建設には合わないでしょう。

私が欲しいのは「仲間と一緒に汗をかいて人が困っていたら助けられる」社員です。

「他者に貢献できる人間でありたい」

「他者を理解できる人間でありたい」

自分以外の誰かを思う力が強い人物を選びたいと思って面接の場にのぞんでいます。

ではそんな人を選ぶためにどうするか。

とにかく私は自分の話をします。

どんな風に生きてきたか、仕事にどんな思いをもっているか、人のために何をしているか。苦労話もすれば自慢話もします。

一般的な社員採用面接とは違いますが、これが万葉建設の面接です。そして私に共感してくれるかどうかが採用するかどうかの大きな判断基準になります。

私の話に食いついてきて、目を輝かせている人は、いい仲間になってくれます。このような面接を始めて以来、私のこの勘は、外れたことはありません。

もちろん、最初からうまくいっていたわけではありません。2章でも書いた通り、創業当社は、トラブルもあったし、辞めていく社員もいました。

苦しい時期を乗り越える中で、「人の大切さ」に気づき、約10年前から、社員満足を目指す経営方針に変えていきました。

すると自然に求める人材も「人のために、ともに働ける仲間」という明確な基準ができ、採用もうまくいき始めたのです。

会社の変化に社員も応えてくれて、売上も安定して伸びていきました。

そして、すべてが好循環に乗っていったこの10年が、万葉建設を次のステージに導くことになっていったのです。

SASAKI-ISM

人づくりの鬼の仕事術

㉑欲しいのは、資格より仲間

㉒どんな時も社員は家族

建設屋である前に経営コンサルタント!?

建設屋は工事をするのが仕事です。

しかし私の場合は立ち位置が少し違います。

まるで先方の会社の事業のコーディネートや経営コンサルタントをするような付き合い方をしています。

まず何が相手のためになるか考える。じゃあこんな工場がいいだろう。倉庫はここを改善しよう。

そんな風に提案した結果、建設の仕事につながっていくことが多いのです。

わかりやすく、個人の家を建てることで考えてみましょう。

例えば、5人家族の家を建てるとします。夫婦と子供2人、加えておばあちゃんも一緒に暮らす家です。

「どんな家にしたいですか」

「間取りの希望はありますか」と、家族みんなを集めて聞くのは当たり前です。

私が必ず行うのは個別のヒアリングです。


「奥さんだけとお話できる日はありますか」

「おばあちゃんが都合のいい日を教えてください。おばあちゃんに会いに行きますよ」

と、一人ひとり話を聞く時間を作るのです。


するとみんな一緒に聞いたときとは違う意見がどんどん出てきます。

例えばおばあちゃんと2人だけでじっくり話をすると「私、本当はこうしてほしいの」と教えてくれます。

家族みんなが揃っていたときは子供夫婦に遠慮して言えなかった本音を、私になら打ち明けてくれます。

そしてここからまたひと工夫が必要になります。せっかく私にだけ打ち明けてくれた本音を「おばあちゃんがこうしたいと言っているので」と伝えては、意味がありません。

「なぜ私たちに直接言ってくれなかったの」と家族間がギクシャクしてしまう場合もあるでしょう。

「こうした方が後々使いやすいと思いますよ」と建設屋の意見として言えば、家族はまとまりやすいものです。

家を作る時は、家族という塊ではなく、個人個人に目を向ける必要があります。

もちろん大人だけでなく子供たちの意見も聞かなければなりません。自分の部屋がどこに欲しいとか、実はお兄ちゃんの部屋の隣はいやだとか、家族が揃った場では口に出せなかったことを教えてくれます。

家族全員の希望を聞いて、それが全部形になれば最高なのですが、半分も実現できなかったというケースも少なくありません。

一人ひとりの都合に合わせて予定を組んで話を聞くのは、時間も手間もかかります。効率的ではないので、儲け方が下手だと言われたこともあります。

しかし家を作るというのは、単に工事をして建物を建てることではないと私は考えています。

そこで暮らす人の未来や人生、幸せを作るお手伝いをするのが建設屋の責任です。

一人ひとりが家について望むものを紐解いていくと、理想に近い住まいの形が見つかる場合もあります。

だから私は時間がかかっても儲からなくても、家族全員の希望ができるだけ叶うようにコーディネートしてきました。

その結果「万葉建設さんの建てる家はいいね」と言うファンが少しずつ増え、今では、以前、万葉建設で家を建てたという人から紹介されたお客さんばかりです。

ある日私の携帯に電話がかかってきます。

「○○さんが、家を建てたいそうなんだけど、話を聞いてあげて。万葉建設さんで建てた我が家を気に入って、紹介してほしいって言われたのよ」

そしてまた私の家づくりが始まるのです。

SASAKI-ISM

人づくりの鬼の仕事術

㉓ 作るのは建物ではなく、そこに住む人の生活

㉔ ファンになってもらえる仕事をせよ

契約は焦らないが勝ち

大変だった時期もありますが、ここ10年さまざまな仕事のオファーが絶えません。特に私個人を指名した仕事が多く来ます。

「どうしたらそんなにたくさん仕事が取れるのですか」と聞かれるのですが、その時は「とにかく契約は焦るな」と答えています。

数年前、倉庫建設を考えているお客さんがいました。なかなか話が決まらず、私はその会社に1年くらい通っていたと思います。

何社もライバル会社がいるなかで、一番小さかった万葉建設の実力を認めていただき、ようやく契約がまとまりそうになりました。約3000万円の倉庫でした。

「君のプレゼンでもう腹を決めたから、来週契約書を持ってきてよ」と先方の社長から電話がありました。

時間がかかったがやっと決まるかと、私はほっとして約束の日に契約書を持って出向きました。

それが2020年4月7日。新型コロナウィルス感染拡大のために日本に初めて緊急事態宣言が発令された日のことでした。

未知のウィルスの恐怖に日本中が震撼し、テレビではそのニュースばかり。先方の社長も朝から見ていたのでしょう。

「大変なことになっちゃったね、佐々木くん。これからどうなっちゃうんだろう」と、不安そうです。

「うちも従業員がいっぱいいるけどさ、仕事あるのかなあ。ちゃんと給料払っていけるんだろうか」

そんな話ばかり30分以上も続けて、ちっとも契約の話にはなりません。

私自身も同じ経営者です。社長の気持ちは痛いほどわかりました。百貨店やスーパーまで閉まり、街はガラガラ。日本経済はどうなるんだろう。会社に仕事はくるんだろうか。

こんな時に3000万円も投資して倉庫を建てるなんて思い切ったことはできない。言葉にしなくても社長はそう言いたいのでしょう。

私は契約書をカバンにしまって言いました。

「わかりました、社長。今日は契約書もハンコも持ってきていますが、あえて出しません。このまま帰ります。でも、社長、僕の顔を忘れないでくださいね。また御社の業績が安定したら、うちに仕事をお願いしますね」

私も非常に辛かったのですが、そう言って会社に戻ったのを覚えています。

こんな時「契約してもらわないと帰れません。会社に怒られます」と言ってしまう営業マンは多いと思います。私も一営業マンだったら、そう言ったかもしれません。

しかし私は同じ経営者として先方の社長の気持ちを理解できたので、契約を焦らなかった。

焦らずに3000万円の案件を一旦諦めたことが、実は3年経って、何十倍もの金額の契約につながったのです。

この一件で「経営者の気持ちを理解してくれる会社だ」と、全幅の信頼を得られたのだと思います。

その後、私からはあえてコンタクトを取っていませんでしたが、先方の社長は約束通り、私の顔を忘れずに「そろそろ万葉建設に仕事を出したいけれど・・・」と、思い続けてくれていたそうです。

そして業績が回復したタイミングで、満を持して、新たな発注をしてくれたというわけです。


私はうちの営業マンたちには、契約は焦るなと言っています。ハンコをもらってこいと急かしたことは一度もありません。

契約してくださいと言うのではなく、先方から契約書にハンコを押したくさせるのが理想です。

時間もかかるし他の仕事ができなくなって生産性が下がるかもしれませんが、頼まれるまでこちらから「契約してくださいと言うな」と教えています。

だから私は営業マンにノルマを与えたり、営業成績を競わせたりしたこともありません。

私がいる限り、先方は絶対契約したいと言ってくるから大丈夫なのです。

SASAKI-ISM

人づくりの鬼の仕事術

㉕ 契約を焦るな

㉖ 営業マンにはノルマを作るな

石橋は人に気づかれないようにして何度もたたく

「みんな私を好きになる」

「私は絶対間違わない」

いつもそんな風に言っている私は、他人からはとても自信にあふれた人物に見えるでしょう。

「佐々木さんは、石橋なんてたたくどころか、ピョンと飛び越えちゃうんでしょう？」

と言われたことさえあります。

では、実際に目の前に石橋があったらどうするか。

私は徹底的に何度もたたいて、渡って大丈夫な橋かどうか、自分が納得するまで確かめます。

これでいいのかどうか迷った時は、寝ずに考えます。

手持ちの資料をすべて見返すこともありますし、パソコンで調べていたらいつの間にか朝になっていたという時もあります。

完璧な情報や環境が整わなかった場合は、石橋を渡らない決断をします。

誰かに相談をすることはほとんどなく、自分だけで決めます。

だからどんな決断をしても責任を負うのは私ひとり。妻にだけは話すこともありますが、あくまでも事後報告です。

妻の返事はいつも
「あなたが決めたなら、それでいいんじゃない？」です。
そう言ってほしくて、私は妻に話しているのかもしれません。

攻める経営をしているような印象をもたれますが、私は実は怖がりでもあります。

いつも最悪の想定をしたうえで、守りにも力を入れています。

特に従業員への対応は慎重に行っています。例えばある従業員を叱らなければいけないとき、何をもって論理的に話さなければいけないかしっかり考える必要があります。

そこで的外れなことを言えばやり返されてしまいます。

「社長の言っていることは違いますよ」と言われたときの理論武装はしっかりしておか

なければなりません。

人からは豪快な性格だと思われているでしょう。私自身、人前では、あえて強気にふるまうこともあります。

しかし、本当の私は慎重で、本質的には怖がりなのかもしれません。万葉建設や私に対して、がっかりされたくない、失望させたくないという思いがあるからこそ、人には見えないところで、石橋を何度もたたいているのです。

SASAKI-ISM

人づくりの鬼の仕事術

㉗石橋は納得するまでたたけ

㉘いつも最悪のケースを想定しろ

人を動かすのはお金だけではない

当然のことながら会社はお客さんからのお金で経営が成り立っています。

また私たちの日常生活を支えているのもお金です。

人間の行動の動機がお金であることも多いですし、お金は価値をはかる客観的基準とも言えるでしょう。

しかし実際の仕事の現場では、人を動かすのはお金ではないと感じることばかりです。

例えば従業員。

社員たちは給料がいいという理由で万葉建設にいるのではありません。

もちろん経営者としてできるだけ多く払いたいという気持ちはありますが、彼らに対してうちより高い年収を出す会社はたくさんあります。

他に行けば年収1000万円、1200万円になるけれど、それより安い年収で、万葉建設に勤めている社員がいます。

働き方が気に入っているのか、仲間がいいのか、私のことが好きなのか、理由はわかりませんが、万葉建設で働くことを選んでくれています。

「別の会社から1200万でどうですかとオファーがきているのですが、ちょっと悩んでいます」と下請け会社の社員から相談されたこともあります。

私は「だったら、うちに来れば？　1200万は出せないけれど」と答えました。

「じゃあ、そうします」と彼は即答し、今も万葉建設で働いています。

給料の多さだけで、会社を選ぶことはできません。私も専門学校卒業後、就職先を決めるとき、給料以外の部分を大切に考えたので、従業員たちの気持ちが理解できます。

私自身、目先の収入だけで考えたら、父の会社を辞めなかった方がよかったかもしれません。

自分の選択と決断で人のためになる仕事をする。そんな思いだけで創業した会社です。

建設業界の新しいビジネスモデルとして成功できたことで、〝仕事はお金だけではない〟ということを実証できたのではないかと思っています。

これから就職する人や転職を考えている人にとって、給料は会社を選ぶ重要な要素のひとつになっているでしょう。

しかしお金だけで働き場所を決めてほしくないと思います。仕事を選ぶことは、人生を選ぶことにつながります。

それがお金だけでは寂し過ぎるのではないでしょうか。


また仕事の受注もお金だけでは決まりません。

建設の仕事は相見積りになることがほとんどです。複数の業者に見積りを依頼して条件や金額などを比較検討することで、お客さんは複数の業者の価格や特色を判断し、より好条件で契約できるメリットがあります。


先日も相見積りの結果うちに発注が来た案件がありました。打ち合わせの合間に先方の担当者が「ここだけの話だけど」とささやきます。

「万葉さんの見積り金額は2番目に高かったんだよ。全然安くなかったんだけど、やっぱり万葉さんにお願いしようという意見が多くてね」

こういう話を聞くと、とても嬉しくなるし、うちを選んでくれたお客さんの気持ちに応えなければと思います。

うちの方がいい仕事をするだろうし、アフターサービスも安心だろうと選んでくれたのでしょう。

完成後は「やっぱり万葉さんにお願いしてよかった」「万葉さんは予想以上によくやってくれた」と思われたいし、「次も万葉さんにお願いしよう」「万葉さんなら他の会社にも自信をもって紹介できる」という気持ちになってもらえれば、それ以上のことはありません。

紹介で受注する仕事が多いのは、こういった信頼の積み重ねなのです。詳しくは5章で述べますが、私は企業を買収するM&Aを積極的に行っています。大きなお金が動くM&Aでも、私の場合は判断基準はお金ではありません。

M&Aの最終段階では、売り手の社長と私でトップ面談をします。そこで私はなぜ先方の会社を買いたいのか詳しく話します。そしてこれまでどんな仕事をしてきたかについても説明します。

社長面談まで進むのは、万葉建設だけではありません。ひとつの案件に3社から5社程度は買いたいという会社があって、みんな私のライバル会社です。

その中で万葉建設の提示価格が一番安い場合がほとんどです。他の会社は2億円で買うと言ってもうちは1億6000万円ですが、これが精一杯ですと話します。

売り手側は少しでも高く売りたい。当然です。それでもうちに売ってくれるのです。1億6000万円と2億円だったら4000万円も違います。売り手のオーナーさんは4000万損をしてでも私に自分の会社をまかせたいと思っているのです。

相手の立場や気持ちを配慮し、私は責任の重さを強く感じながら、M&Aの契約書にサインをしています。

従業員にもお客さんにもM&Aの相手にも、お金ではない価値、お金以上の価値を提供できるのが、万葉建設と私の強みです。

それが確実に伝わっているから、皆さん仕事や人を紹介してくれるのでしょう。

そういった連鎖が続き、会社は予想以上に成長することができました。

SASAKI-ISM

人づくりの鬼の仕事術

㉙お金以上の価値を作り出せ

㉚信頼の積み重ねを意識しろ

第4章

見返りを求めないことが発展につながる

私を育ててくれた青年会議所

万葉建設を創業する前、まだ父の会社にいた28歳の時に八千代青年会議所に入会しました。知り合いの業者さんに誘われての入会でしたが、これが私の大きな転機になりました。

日本青年会議所（Junior Chamber International Japan　略称ＪＣ）は、アメリカの青年会議所をモデルに設立された公益社団法人です。日本各地の青年会議所の会員によって組織され、ボランティア活動などを行っています。

会員になれるのは20～40歳の青年で、企業の二代目、三代目が多いという特徴があります。

それまでは青年会議所が何をするところなのか詳しく知らなかった私ですが、入会後は活動に真剣に打ち込むようになりました。

ＪＣでは社会や人のためになる事業やイベントを多数企画、運営していて、毎日のように会議が続いたことも少なくありませんでした。

どんな事業やイベントであっても、お金を儲けるためのものではありません。会員はみんな熱い思いをもち、活動に没頭していました。会社も忙しくＪＣも忙しい日々でしたが、このような環境や仲間に出会えたことをとても幸せに感じていました。

ＪＣに入会して2年後、私は青少年担当委員長になります。

ＪＣにはいろんな委員会がありますが、子供や若者対象のイベントや事業を行う青少年委員会が一番好きでした。

わんぱく相撲の千葉県大会を八千代市に誘致したのもＪＣの活動のひとつです。

ちょっとぽっちゃりしていて足は遅い。愛嬌はあるけれどあまりモテるタイプじゃない。そんな子たちに何かかっこいいことをさせてあげたいと思ったのが、きっかけでした。

八千代からみんなの記憶に残るような強い子を出せたらいいねと、仲間たちで話しました。あの相撲の練習は大変だったけど楽しかったなあと、今でも時々当時のメンバーとなつかしく思い出すことがあります。

その後２００９年には、八千代青年会議所理事長に選出されました。50数人での投票でしたが、全員が私に投票してくれたことがわかり、任された以上一生懸命やらなければと思いました。会の代表になったからには、誰もやらないようなイベントを成功させたいと思っていました。

仲間がやりたいと進言してくれたことを会のメンバーに相談すると、最初は「それは無理だよ」「やり過ぎだよ。佐々木くん」と言われたものです。

しかし最終的には「佐々木くんが言うなら協力しようよ」とみんなが一つになる土壌ができ上がっていました。

そして私が面白いと思えることを実現すると、八千代という町の中では語り草になります。

「あれをやったのは佐々木さんだよね」

と、いまだに言われています。

その一つが、八千代市の「源右衛門祭」で企画した「Earth View Project」です。

この町で暮らしている僕たちを宇宙から見たらどんな風に見えるか子供たちに教えてやろう。そのためにバルーンをつけたビデオカメラを宇宙に最も近い成層圏まで飛ばして撮影しようと考えました。

空高く上がったビデオカメラは偏西風にのって進む。そして気圧がなくなるとバルーンは膨張して破裂するから、銚子沖に落ちてくる。それを回収してビデオカメラで撮影した映像をみんなで見ようというわけです。

当日は500個のバルーンとともにビデオカメラを空に放ちました。みんなの夢をのせて飛んでいく色とりどりのバルーンは圧巻でした。

しかしバルーンに空気を入れ過ぎてしまい、落下地点が計算通りにはいきませんでした。

それでもみんなが一つになるチャレンジができてよかったという思いを参加メンバー全員がもつことができました。

あの日空を見上げていた子供たちがいつか宇宙を目指すかもしれないと考えると、未来

の夢につながるようなイベントだったと思います。

理事長になった2009年と言えば、万葉建設を創業してわずか5年目のことです。にもかかわらず私は会社そっちのけで、ますますJCの活動に没頭していました。

朝起きたらJCの事務所に行って、夕方まで会議や打ち合わせです。イベントや事業について、目的、JCが行う意義、企画内容、予算などについて議論し続けます。なかなか意見がまとまらないと続きは明日やろうと決めて解散。それから会社に戻ったのですが、なぜか従業員たちがみんな揃っているのです。

彼らは現場監督ですから、本来ならまだ現場で仕事をしているはず。「なんで会社にいるんだ」と聞くと、「いや、書類の整理があって」などと言葉を濁すのですが、私はすぐわかりました。

つまり仕事がなかったのです。JCの仕事に夢中で私がほとんど営業活動をしていなかったことが原因でした。

どうしよう。会社は潰れてしまうんだろうか。JC理事長の会社が倒産しては、まわりにも迷惑がかかるし困ったなあ。

この期に及んでも考えるのはJCのことばかりです。理事長の任期は12月までだから年内は会社が潰れないように頑張ろうと決めました。

今から思えばこの時気がついてよかったのです。

ＪＣの活動をしながらも、会社の営業にも意識を向けるようになりました。徐々に受注が増え、無事に乗り切ることができました。

会社は苦しかった時期でしたが、ここを乗り超えたことが自信にもなりました。そしてＪＣでの経験は私にとって大きな財産になっています。


ＪＣは40歳で定年になるシステムです。

社会人になると通常卒業式はありませんが、私たち40歳のメンバーのために卒業式も開いてもらいました。

28歳で入会しての13年間、出会った人たち、一緒に汗を流した仲間、数々の出来事が次々に頭の中を駆け巡りました。


ＪＣでは身体障害や知的障害のある人たちの運動会の手伝いなども行いました。参加者が全力で競技に挑む様子を見て、ハンディのある人たちのための活動をもっとしたいと思うようになりました。障害のある人、高齢の人、子供たちといろいろな活動をする中で、違う世界を見ることができたのです。

この時の経験が、後々万葉建設が高齢者施設や障害者用のグループホームなど、福祉系施設の建設に力を入れるようになったことにつながっています。

ＪＣは私を育ててくれたいわば学校のようなものです。ＪＣでの経験で学んだのは、利益や見返りを求めずに人や社会に尽くすことの大切さ。それは万葉建設を経営していくうえでの私の軸になっています。

ＰＴＡ会長として、父として

「佐々木さん、私の後にＰＴＡ会長をやってくれませんか」

ＪＣの後輩に言われたのは、私がＪＣを卒業して数年後のことでした。彼は小学校のＰＴＡ会長を5年間やっていたのですが、一番下の子が卒業するから後任を探していたところでした。

私のＪＣでの活動もよく知っていて、私ほどの適任者はいないと言うのです。

最初は「俺、忙しいから、無理だよ」と断ったのですが、彼はなかなか諦めません。何度も何度も、頭を下げられました。そのうえ校長先生は前述したわんぱく相撲で協力してくれた先生でした。

つまり現役のＰＴＡ会長と校長先生に口説かれ、私は次期ＰＴＡ会長を引き受けることになりました。

ＰＴＡ会長になって会議に出席すると、他の役員は全員女性です。私はどこか不自然に感じました。子育てに責任があるのは母親も父親も同じなのに、ＰＴＡに女性しかいない。

母親とは違う目線で、学校や地域の子供たちを見守る父親の会が必要なのではないか。そこで私はおやじの会を作りました。

ＰＴＡはそれぞれの小中学校で作られますが、市単位で集まって作る八千代市ＰＴＡ連絡協議会（市Ｐ連）という組織があります。私は八千代市Ｐ連の会長も2年間務めました。

会長になってまず考えたのは、地域の子供たちの安全です。

私は自分の子や同じ小学校の子だけでなく、子供みんなが好きだし、心配です。近所の子供がいたずらをしていれば叱るし、大雨の日に川原で遊んでいる子がいれば「あぶないからやめろ」と声をかけ、家まで送っていきたくなります。

だから会長になっても思いや行動は変わらなかったのですが、何か効果的に発信できる方法はないかと考えました。


例えば地域や季節によって時間は変わりますが、夕方になるとチャイムが流れます。私自身も子供の頃は遊びに夢中になっていると、つい時間を忘れてしまいました。チャイムが鳴るともう帰る時間だと気づかされたものです。

私はその放送の中に「地域の大人の皆さん、子供の見守りをよろしくお願いします」というフレーズを加えてほしいとの声をいただき、市役所にお願いしました。


ひと昔前まで、子供の育つ環境には両親以外に、祖父母や親戚、あるいは近所の人など、何かと世話を焼いてくれる大人がたくさんいました。

しかし現在は都会だけでなく地方でも地域内のコミュニケーションが希薄になり、世話好きなおじさんやおばさんの数も減ってしまいました。

私はチャイムに加えた一言で、地域の大人が「あの子大丈夫かな」と見守る目線をもってくれるように願いました。

犯罪や事故を防ぐだけでなく、地域の多くの大人と触れ合いながら育つことは、子供の成長にも必ずプラスになるはずです。

仕事、ＪＣ、ＰＴＡとどれも忙しく、自宅で子供たちとゆっくり過ごすような時間は多くありません。

しかし私が何をやっているか、どんなに頑張っているかよく知っているので、みんな私のことが大好きだし、言うことをよく聞きます。反抗期らしい反抗期がないので、逆に心配になるくらいです。

例えば休日に子供たちを車に乗せて外出します。後方から救急車がきたので車を端に停めて譲りました。

すると追い越していくとき救急隊員が私に手を上げて挨拶をします。その様子を見て不思議がる子供たちに「あの隊員さんは小学校の校庭整備のボランティア仲間なんだよ」と説明します。

そしてまた走っていると、「佐々木さん、こんにちは」と声をかけてくる人がいます。

「あの人は別の会で一緒に活動している人なんだよ」と子供たちに話します。

ちょっと走っただけでお父さんの仲間と会う。

みんなが佐々木さん、佐々木さんと声をかけてくる。その様子を見て、お父さんは本当に頑張っているんだなあと自然に感じてくれています。

自分も大人になったらそんな仲間をたくさん作りたいと思うかもしれません。

数年前に新しく始めたボランティア活動が保護司です。

保護司とは、刑務所の仮釈放者や少年院の仮退院者、非行少年たちの更生をサポートする民間のボランティアです。

法務大臣から委嘱された非常勤の国家公務員という身分になるのですが、給与はありません。仕事や生活について話し合い、仕事を探す手伝いをする場合もあります。

元々は先輩に声をかけられて始めた保護司ですが、人のため、社会のために必要な役割だと感じています。

前科がある人を無給でサポートするわけですから、やろうという人が年々減少し、常時不足しているそうです。しかも保護司の高齢化が進み保護司の平均年齢は現在60代後半です。

出所者の受け皿を作り、更生と社会復帰をサポートする大切な仕事です。できることなら万葉建設も何らかの形で、彼らの立ち直りのために機会を提供できたらと考えています。

次章では、こんな私が最近力を入れているM&Aについて、詳しくお話をします。「佐々木がやるとM&Aはこうなる」ということを感じていただけると思います。

第5章

会社の強みを生かすM&Aで社会を変える

人を育てるためのM&A

2020年7月のことです。

これから会社の破産手続きをするという社長と知り合いました。弁護士に相談をして準備も進み、翌月にでも破産の申し入れをするという段階でした。

破産して会社が解散してしまうと、その日から従業員全員が失業です。

社長はこれまで会社を支えてくれた従業員たちのことをとても心配していました。家族ぐるみで付き合っていた従業員も多く、奥さんや子供たちの顔が目に浮かぶと言います。また取引先や関連会社に迷惑がかかることも気にしていました。

この社長や従業員のために何かできることがないか、私は考えました。

大きな負債を抱えもう破産が決まっていましたから、これからわが社と取引を始めても立て直すことはできません。会社は消えてしまう。

社員一人ひとりは、専門的な知識や優れた能力をもっていました。しかし会社が倒産して失業すれば、バラバラになりどうなるかわかりません。

それはあまりにもったいない。社会的損失だと思いました。

そこで思いついたのは、社長も含めて従業員全員、万葉建設に採用するという方法です。社長には「みんな面倒をみますからうちに来ませんか」と申し入れをしました。

破産する会社を引き受けるのは、リスクがあるのは承知のうえでした。

それでもその社長や従業員たちの仕事に対する考え方や人柄を知って、どうしても手助けをしたくなったのです。そして私なら彼らの力が生きる場を作る自信もありました。

その社長さんが従業員に会社の倒産を告げる日がやってきました。

就業時間が終わった午後7時、会議室に従業員を集めました。社長はみんなの前に立ち、私はその隣です。

重苦しい空気の中、下を向いている社員もいれば私のことを「あれは誰だろう」と不思議そうに見ている社員もいました。

社長が緊張した口調で話し始めます

「今日、集まってもらったのは、この会社が倒産することを皆さんに伝えるためです。資金が続かなくなり、会社の事業継続はできなくなりました。皆さんには大変申し訳ないと思っています」

そして社長は、深々と頭を下げました。会場はざわつき、従業員たちが衝撃を受けているのが伝わってきました。

社長の次は私が話をする順番です。

「皆さん、はじめまして。社長の隣にいるのは誰だろうと思ったでしょうが、私は万葉建設という会社を経営しています。皆さんの会社はなくなってしまいますが、よければ万葉建設の面接を受けませんか。私は皆さんと一緒に働きたいと考えています」

また会場がざわつきました。私はさらに続けました。

「皆さんがどれだけ会社のために頑張ってきたか、社長から聞いています。今度はその力を私の会社のために使ってほしいのです。面接に来てくださるのを待っています」

従業員たちは、驚きと困惑の表情です。

そして一週間後には面接を行いました。面接といっても試験ではありません。

「前の会社はなくなりましたが安心してくださいね。これからは私の仲間です」と一人ひとりと話す時間をもちました。

その後彼らの元の拠点の近くに新しく営業所を作り、現在もそこで働いてくれています。

これは私が本格的にM&Aを始める前のことです。そして私が考えるM&Aの軸となる案件となりました。

会社の業績が伸びるに連れて、「会社を買わないか」「会社を売らないか」といったダイレクトメールが届くようになりました。

最初は雲の上の話だと思っていたM&Aですが、だんだん興味がわいてきました。資金的にも体力はある。うまくいけば本業の起爆剤になるかもしれない。そして万葉建設を立ち上げた当時の夢が蘇ってきました。

実は起業するなら売上100億円規模の会社を作りたいと考えていました。しかし万葉建設単体では何をやっても何年やっても100億円には届きません。

しかしM&Aで企業集団を作れば、グループ全体で100億円の夢を目指すことができると思いました。

M&Aとは"Mergers（合併）and Acquisitions（買収）"の略で、2つ以上の会社が1つになったり（合併）、ある会社が他の会社を買ったりすること（買収）です。

私は勉強会に通い、M&Aの目的や流れ、メリット、デメリットなどについて学びました。当初は、100億円規模の会社にするための手法として、やってみようというのが動機でした。しかし実際にM&Aをやっていくうちに、目的が変わっていきました。

それが「人を育てるためのM&A」です。

他の経営者はお金があったら何を買うか。土地を買う人もいるだろうし、投資としてテナントビルやマンションを選ぶ人もいるでしょう。

私の場合は会社を買うことを選びます。会社を買うことは、人に投資する手法だからです。

マネーゲームのような感覚でM&Aを行っている会社もあります。売り手の会社の事業内容や従業員の能力、今後の展望などを重視せず、「手っ取り早くいくら儲かるのか?」だけを考える。本来評価されるべき金額より、安い値段で会社を買う。私は、このような投資としてのM&Aには興味はありません。

会社を経営するうえで、最も重要なのは人材です。M&Aのメリットには、技術のノウハウの獲得もありますが、それ以上に人材の確保が事業を進めていくうえで非常に有利な条件となります。

売却側の会社は経営が上手くいっていない場合が少なくありません。しかし私の経営方針や仕事や従業員に対する考え方を生かせば、必ずよくなります。

会社は器で、その中で働く人はプレイヤーです。私の思いを汲んで仕事をしてくれる人が増えれば増えるほど業績は改善します。その好循環を目指し、人を育てるために行うのが私のM&Aです。そしてこのようなM&Aなら、私の〝人のために〟という信条にも一致します。

例えば今は経営者の高齢化と少子化による後継者不足により、事業の承継に悩んでいる経営者も多いのです。後継者不在で廃業になると従業員は全員職を失ってしまいます。しかしM&Aで事業を承継できれば、会社を存続し、従業員の雇用を確保することができます。

会社は大きくても小さくても、潰してしまっては人に対してマイナスしか残しません。そして継続するだけではなく、強いかたち、より良いかたち、人に喜ばれるかたちで継続するのがベストです。

ですから、会社がなくなってしまうというようなところにM&Aという手段で私が参加すれば、従業員や家族、取引先、関連業者などその会社に関わっている人たちすべてにプラスの影響を与え、新しいビジネスモデルを作ることができるのです。

SASAKI-ISM

人づくりの鬼の仕事術

㉛ 投資するなら、物より人を選ぶべし

㉜ 助けたい人、伸ばしたい人がいるからM&A

シナジー効果で多くの人が幸せになる

最初にM&Aを行ったのは、2020年。ある総合建設業の会社です。売上は約5億円で事業規模は大きくないのですが、いい仕事をしていました。

社長が60代半ばを過ぎていて5年後のビジョンが描けない、5年後はどうしたらいいかわからないからという理由で会社の売却を希望していました。

M&Aの仲介会社から私に持ち込まれた話なのですが、他にも3、4社買収を希望している会社がありました。

その中で私が競り勝った理由は、前述したように（114ページ）提示した金額ではありません。万葉建設が選ばれたのは、先方の会社のことを最も理解し、社長が描けないという5年後、10年後を私が提案できたからです。

そして買収により大きなシナジー効果が生まれる確信もありました。働いている人材が優秀である。いい得意先をもっている。急には大きくならないかもしれないが、業績は安定している。

そんな会社でしたから、万葉建設と一緒になれば、必ずお互いにプラスになると社長同士のトップ会談では話しました。

現在では想定通り、万葉建設の仕事を助けてくれる体制ができています。うちに発注がきて手いっぱいで受けきれず断っていた仕事をその会社でやってもらえるので、お客さんのためにもなります。

建設業界のM&Aでは同じ業種の会社を対象とするケースが一般的です。しかし私はまったく違う業界の会社の買収も行いました。

それが40年近い歴史のあるポストプロダクションです。

仕事内容は、テレビ局のニュースやバラエティー、ドキュメンタリーなどに字幕や音声をつけ、撮影後の編集を行うことです。

私はずっと建設の仕事をしていましたから、映像編集の業界のことは何もわかりません。その会社の社長は私と同じ年でしたが、売却後は会社から完全に離れることを希望していました。

仕事のことも会社のこともわからないのに私が経営していけるだろうかと最初は迷いました。

すると社長がうちには幹部の社員が4人いて、1年前から少しずつさまざまなことを教え、執行役員として扱っているのだと言います。

それからは4人の幹部と何度も面接を繰り返しました。

まだ若い4人でしたが、彼らはそれぞれがきちんとした目標をもっていました。会社のいいところも悪いところも知っていて、彼らなりのビジョンがある。彼らとだったら手を組んで会社を伸ばしていけると思い、買収を決意しました。

今彼らと一緒に仕事をしていますが、やはり手間がかかります。彼らは編集作業などの現場の仕事に関してはプロですが、経営やマネジメントではまだまだ素人です。だから私の力が必要になることが多く、かなり時間も割いています。

苦労も悩みも多いのですが、最近は彼らの成長に手応えを感じています。赤ちゃんが小学生になって中学生になっていくような様子を見ていると、この会社を買収して本当によかったと思います。

売上も増え、従業員も新しく採用し、異業種のM&Aはチャレンジでしたが、想像以上に成功することができました。

他にも創業150年の布団屋さんを買収しています。150年の歴史がある会社を、創業20年に満たない万葉建設が買う。これもM&Aの面白さでもあり、可能性でもあります。

その会社は、昔は布団を作るだけでしたが最近では布団や制服、照明、エアコンなどのリース事業を行っていました。貸出先は、病院や旅館、ホテル、スーパー銭湯のような温浴施設です。

万葉建設では高齢者施設や障害者施設を作っているので、そこにリネンや布団をリースすることができます。

それだけでなくこの布団屋さんは、旅館の増築や温浴施設の大規模改修などの情報をとても早いタイミングで知っていました。

そこで情報が入れば万葉建設も一緒に営業に行き、工事の営業や提案をすることができるようになりました。

〝人のために〟と考えて始めた異業種のM&Aですが、企業と企業をつなぐコンダクターの役割を担うことで新しいビジネスを創出し、本業にも予想以上の利益をもたらしてくれています。

だからM&Aは面白いのです！

SASAKI-ISM

人づくりの鬼の仕事術

㉝ M&Aの目的は、みんなの幸せ

㉞ 異業種へのチャレンジが本業を伸ばす

M&Aができる経営者を増やしたい

２０２３年１月、Ｍ＆Ａに取り組もうと考えている建設業界の社長たちを全国から集めた勉強会が開催されました。そこでＭ＆Ａの先輩である私に話をしてほしいとのことでした。例によって、手弁当です。

勉強会には、東京だけでなく、埼玉、愛知、岡山、和歌山、徳島、福岡など、全国から11名の方が参加してくれました。

それぞれが課題を抱えながらも前に進もうと模索している彼らは、10年前の私でした。

以下、１月21日の勉強会に参加された皆様の中から６組の方のコメントを掲載します。

佐々木社長に負けずに100億の会社をめざしたい

（株）朝島組　朝島康徳様・敬愛様（広島県）

鳶と土木工事の会社を経営しています。公共工事とＭ＆Ａで成功している社長だということで、いろいろ話を聞いてみたいと思い夫婦で参加しました。

佐々木社長は予想通り非常にアグレッシブな人でした。思ったことはすぐ行動にうつすタイプで、私とも共通点が多いです。その佐々木社長が100億の会社をめざすなら、私もめざさなければと感じました。

これまではずっとゼネコンの下請けをしていたので、やはり元請けになりたいと考えていました。

社長勉強会ではM&Aについてのアドバイスも詳しく聞けたので、情報収集して積極的に取り組みたいと思います。

目からうろこが落ちる話ばかりで、勇気をもらえた

（株）和秋建設　前田純様（和歌山県）


こだわりの木造住宅を造っていますが、木材の高騰などの影響もあり、これまでと同じようにやっていては仕事が減ってしまうかもしれません。

M&Aをたくさん成功させている佐々木社長の話を聞いてM&Aの勉強をしようと考

えて参加しました。私は創業して10年目なのですが、佐々木社長のお話には目からうろこが落ちる思いでした。

経営者は孤独なものなのですが、自分で判断し前を向いてやっていくことが大切なのだとわかりました。

M&Aのシナジー効果には私も注目していて、今も買収を具体的に検討しているところです。M&Aは、二の足を踏む人も多いのですが、佐々木社長の話を聞いて勇気をもらえました。

自分のカラを破るのはなかなか大変です。車に例えるとこれまでの私のやり方は軽自動車でしたが、1500ccぐらいまでのやり方を勉強会で学ぶことができました。

会社は膨張ではなく成長させなければいけない

（株）ワタナベ製工　渡邉雅巳様（埼玉県）

金属加工を中心とした建設業の会社を経営しています。

急成長し成功している万葉建設は、私が計画している会社づくりに近いので、具体的にどのように進めているのかを聞きたいと思って参加しました。

お話を聞いてわかったのは、膨張と成長は違うということです。会社は大きくすればいいだけではない。バランスを考えながら成長に繋げていかなくてはいけないという点が一番心に響きました。

また社長としての意識がさらに強くなりました。私は何かで迷うと堂々巡りになって迷い続けてしまう傾向があります。出口がわからなくなって、光が見えてもその方向に進むのが正しいかどうか自信がもてなかったのですが、最短で出口に向かうヒントをもらえたような気がしています。

M&Aはある種特効薬でもあるので、成功すれば会社づくりのスピードを上げることができます。

これからもっと勉強していきたいです。

刺激を受けた佐々木社長の戦略

（株）バイソン　梅村恭介様（愛知県）

主に店舗内装工事をやっています。佐々木社長の話を聞いて感じたのは、銀行の評価などすべてにおいて数字が大事だということです。

そしてどのプロセスにも意味があるので、すべて戦略的に進める必要があるとわかりとても刺激を受けました。

佐々木社長の戦略の真似をしたいです。

「戦う会社だ」の言葉にはっとした

恵建設（株）　蓮見恵一様（東京都）

父が創業した建設会社を引き継いで18年目になります。

「自分の会社は戦う会社だ」という佐々木社長の言葉にはっとしました。社長はすべてにおいて必死に取り組んでここまで来たのに、私は公共工事の方が、民間工事よりも楽な部分があるのではと、戦うよりも逃げる気持ちがあったからです。

民間工事においては、リスクや面倒なことが発生する場合も多々あり、自己責任とはいえ赤字に至ることも。そこで公共工事ならば安定してよいのではと、安易に考えた部分もありましたが、この勉強会は自分の間違った思い込みを見直すいい機会になりました。

民間工事でもしっかりと戦い続け、その力を公共工事でも生かして相乗効果をもたらすことが重要と理解しました。

また、公共工事への取り組みによって、新たな協力業者との出会いが生まれ、工事の受注や技術力の面で多くのメリットを実感しております。これからも新たな展開に向けていろいろと考え、行動していきたいと思います。

覚悟があるから、負けないという自信が生まれる

（株）エヌ&グリーン　野崎隼斗様（東京都）

主に造園業を中心に営んでいます。

万葉建設や佐々木社長にとても興味があり、少しでも何かを学びたいと思って参加しました。

私は今伸び悩んでいる状態で、どんな方向性で進めていくべきが、どんな方法で会社を大きくしていけばいいのかを知りたかったので、少しでも何かの足がかりになればと考えていました。

勉強会は大変刺激的で、佐々木社長の人柄や負けないという気持ちが強く伝わってきました。覚悟があるから負けないという自信に繋がっているのだと感じたので、私も今後見習っていくつもりです。

M&Aが社会貢献を加速させた

私にとってM&Aは、〝人を育てる〟ことであると同時に〝社会につながる扉〟でもあります。しかし実際取り掛かれば時間も労力も割かれるので、誰にでもすすめられるものではありません。

建設屋は経営者がほぼその会社のリソースです。看板であり、営業マンであり、経理マンであり、時には現場監督になる場合もあります。

勉強会では、本業を決しておろそかにしない自信と覚悟がある人だけがM&Aに参加してほしいと伝えました。

M&Aができる経営者が増えれば、社会はもっとよくなります。

10年前の私ならできなかったアドバイスも今ならできる。社長たちのチャレンジをこれからもサポートしていくつもりです。

建物を作るだけでなく、社会貢献し、社会的弱者を助ける建設会社でありたい。これは創業当時からずっと私の中にあった思いです。

ですからまだまだ数の足りない高齢者施設や障害者用のグループホームなど、福祉系の施設建設には特に力を入れています。

その他障害者の人たちが簡単な作業をするための就労支援施設も建設しました。

しかし私の会社は工事をするだけではありません。補助金を獲得するためのアドバイスはもちろん、役所との打ち合わせを私が手伝う場合もあります。もちろん銀行との間もつなぎます。

さらに福祉施設は人手不足が深刻です。なぜそれを建設屋がやるのと思う人もいるかもしれませんが、施設で働く人を探すことも珍しくありません。そして働く人の給与の額まで提案します。

建物を作ってお金を儲けたら終わりでは、ただの建設屋です。

言われたものを建てるのではなく、利用者や利用者の家族の立場で考えた設備の作り方から施設の運営方法、経営方針まで、意見を言います。

それでもお客さんは喜んでくれて、2棟目も万葉建設に発注が来ます。次に建てるための土地を一緒に探すこともあります。

このようなコンサルティングは以前から行っていましたが、前述の布団屋さんなど異業種の会社のM&Aをした結果、より深く的確に関われるようになりました。

万葉建設のこうした取り組みは高く評価されて、「福祉施設建設サポート満足度」「土地活用に強い福祉建設」「福祉建設満足度」の3部門すべてで、全国1位を獲得しています。（インターネット調査　調査提供：トレンドリサーチ）

2022/12/31/産経 千葉版（15段）カラー

終章

自分がやれることは全部やれ！

ピンチのときは目線を上げてまわりを見る

会社を経営していれば調子がよいときばかりではなく、ピンチもあります。

何事も順調なら従業員にまかせておいても売上は上がるかもしれませんが、ピンチの場合はそういうわけにはいきません。

失敗すれば最悪の場合、これまで積み上げたものがすべてなくなり、借金を抱えて廃業になるリスクもあります。

だからこそピンチのときの判断は、経営者に重大な責任があります。

経営者は二種類に分けられます。

自分で創業した社長と跡を継いだ社長です。特に私のような創業した社長は、この会社がすべて、この仕事がすべてという思いが非常に強い。

何としても会社を潰さない、なんとしても仕事をまわす、なんとしてもこのピンチを乗り越えるのだと考えます。

だからつい目先のことしか見えなくなってしまうのですが、これは逆効果。視野が狭くなるとまた別の失敗もしやすくなるうえに、まわりの信頼も失います。ピンチのときこそ少しでもいいから目線を上げることが大切なのです。

100メートル先か200メートル先か、そこまで余裕がなかったら10メートル先でもいい。

なるべく遠くを、行くべき道を見るようにします。

例えば「売上を増やさなければ」と目先のことだけに追われるのではなく、「万葉建設は何をやるべきか」と意識的に考えるようにしています。

ピンチのときは日銭が欲しくなります。しかし目先の利益優先で仕事を選ぶと、結果的に会社や社員のためにはならないものです。どんなに苦しいときでも「万葉建設がやるべき仕事かどうか」という視点をもち続けることが大切です。

うつむかないで目線を上げ、胸を張って前を向けば、どんなピンチもきっと乗り越えることができる。どんなときも遠くを見て、万葉建設がやるべきことは何かを探すのが経営者の役割なのです。

自分の容量はもっと増やせる

仕事、ボランティア、地域活動と忙しい私の様子を見て、「どうしてそんなに時間があるのですか」と聞く人がいます。

「もっといろいろなことがやりたいけれど余裕がなくて諦めているんです」という人もいます。

私のエネルギーは、とにかくあれもやりたいこれもやりたいという気持ちです。「人のためになりたい」という思いが私を突き動かすのかもしれません。だから私が求められる場には必ず参加します。

では限られた時間やさまざまな制約の中でやりたいことをやるためにはどうすればいいのか。

自分の容量を１００％から１２０％に増やす方法はあるのか。

まず必要なのは、気づきです。

例えば自分の容量が５００ミリリットルのペットボトルだとしたら、もうボトルがいっぱいになっていると思っていても実は300ミリリットルしか入っていない、そんな場合も意外に多いのです。

容量オーバーだと感じていたのは、無駄な動きをしていたからだったのか。なんだ、まだ200ミリリットルも空きがあるじゃないか。適切に考えて適切に行動すれば、もっと効率よくやれるのです。

そしてもっと増やすなら500から600ミリリットルのペットボトルに変えてしまう方法があります。自分で限界を決めずにやりたいことはすべてやってみるのです。

無茶な言い方ですが、いざとなったら寝なきゃいい。

私自身は寝ないで働いた時期もあります。今でも夢中で何かに取り組んでいて気がついたら朝になっているという日もあります。

「寝食を忘れて」という言い方がありますが、時には寝ることも食べることも忘れて打ち込めるものに出会えたら、とても幸せです。人生の一時期にはそういう働き方があってもいいと思います。

また私はやらなければいけないことをいつも50個程度抱えています。

本来ならばひとつずつ片づけていくのがいいのかもしれませんが、それだとどうしても遅れてしまいます。そこで最近実践しているのがマルチタスクで進めていく方法です。

例えば移動中や会議と会議の間などに少しでも時間ができたら、短時間でできる作業を行います。

逆にまとまった時間が作れたら、時間のかかる仕事に取り組みます。仕事のために時間を見つけるのではなく、自分のスケジュールの中に仕事を当てはめる。

これなら効率的に複数の仕事を進めることができます。

絶対に間違えない優先順位の見つけ方

やれることはすべてやる。その方針はいつも揺らぎませんが、時間的、物理的な制約で、どうしても優先順位をつけなければいけないときもあります。

その場合の選択基準は簡単で明瞭です。

「私でなければならないか」

それだけです。

仕事の場合も、金額の大きさで優先順位を判断することはありません。代わりの人間で勤まるなら、代役が行けばいい。私が出席しないとまとまらない会がある。私が会わないと契約にならないお客さんがいる。そんなときは私が必ず行きます。

また私が父親として行かなければ子供たちが辛い思いをする。そんなときも最優先です。

仕事でもボランティアでも地域の活動でも、私が一番大切に考えているのはいつでも〝人〟です。だから私が〝人〟として必要とされている場は最優先だと考えています。

いつか地図に残る仕事を

万葉建設本体は、今後売上50億円の会社まで成長させたいと思っています。

では売上50億円の建設会社には何ができるか。実は売上50億円の会社では50億円の建物を造ることはできません。受注できる限界は、20億から30億円程度の建物になるでしょう。

ゼネコンのコマーシャルで「地図に残る仕事」というキャッチフレーズがありました。私も建設屋として「地図に残るような建物」をいつか造りたいと考えています。

集会場なのか保育園なのか病院なのかはわかりません。しかしどこにでもあるような普通の建物ではなく、ちょっと変わったもの、あれは万葉建設が造ったんだよとみんなに言われるような特徴があるものを造りたい。20億、30億円あればきっとできるはずです。

また、その建物は会社の売上のためだけに造るのではありません。

面白いデザインとコンセプトで人の興味を引き、「なぜこんなところにあるの？」とみんなをワクワクさせたい。

そして地図を広げるとランドマークとして載っていて、いつかもっと年をとったとき「あの建物はじいさんが造ったんだよ」と孫たちに自慢する。

売上50億円の企業になって、できるところまでやってみたいと考えています。

おわりに

数年前、23歳の若者と知り合いました。

「南の島に水産加工場を作りたいという若者がいるんだけれど、佐々木さん、どうか彼を助けてやってほしいんです」と、知り合いから相談されました。

最初は断わりました。地元での仕事も忙しかったし、行ったこともない場所で仕事を引き受ける余裕はありませんでした。2、3回は断ったと思います。

しかし、「これは絶対、佐々木さんにしかできないから、なんとか一度彼に会ってもらえないか、会えばわかってもらえるから。彼が会いに行きたいと言っているんだよ」と諦めません。

結果、23歳の若者が私に会いに、千葉までやってきました。

彼は、鹿児島県の沖永良部島という人口1万人ほどの小さな島で漁師をやっていました。しかしその島で一生懸命魚を捕っても、流通する経路もなく、加工する場所もない。捕っても売れないわけで、漁師仲間もやる気が起きない。自然豊かな漁場なのにとてももったいない。そんな状況を改善する方法として、漁師仲間のために水産加工場を作りたい、僕ならこの島の閉塞感を打破することができるはずだ、僕はやりたい！　と言うのです。

　自分のためにではなく、まちのため仲間のためにやりたいと言う。八千代のまちのため、仲間のためにいつもできることを考えている私と同じ人間が遠い南の島にもいたと知って、とても嬉しくなりました。

　そして「君にできないことはいっぱいあるぞ。だから俺が教えるよ、一緒にやろうぜ」と、考えるより先に口に出していました。

　実は、こんな場所は絶対だめだというような土地を、まさに彼は購入しようとしていたところでした。それを止めさせて、土地探しからスタートしました。

羽田空港から鹿児島空港へ飛び、そこから小さなプロペラ機に乗り換えて、何度となく沖永良部島まで行きました。彼の人生相談にものり、工場の経営についても具体的にアドバイスしました。

既知の仲間や島で出会った新しい仲間たちの協力で、水産加工場は２０２２年冬、苦労の末に完成しました。

建物を作ったので費用は受け取りましたが、万葉建設の利益はほとんどないボランティアに近い仕事でした。しかし私が教えなければ水産加工場は完成しなかったでしょう。彼は悪い大人に騙されていたかもしれません。

プロとして大人として、とても黙ってみていることはできなかったのです。

この本を執筆することを話すと、彼はとても喜んでくれました。彼は１８７万人のフォロワー（２０２３年11月現在）がいるユーチューバーでもあります。「僕のユーチューブでも本を紹介しますからね」なんて嬉しいことも言ってくれました。

＊＊＊

さて、ここまで「人を大切に」「人のためにとことん尽くす」という私の信念、経営理念についてお話をしてきて、気がついたことがあります。

私が「もらうより与える」「見返りを求めない」という生き方をしてきた背景には、子供の頃から私に多くのものを与えてくれた大人たちの存在がありました。

私は小学校3年生の頃から、少年野球とボーイスカウトに参加していました。そこには、無償で人の子供のために、時にはクルマに乗せてくれたり、野球の練習をしてくれる見知らぬおじさん、おばさんたちがいました。

忙しい両親に代わって、自分の子供と同じように、こころよく面倒をみてくれる大人たちが、私のまわりにいてくれたのです。

そして両親。

父親は宮城県の貧しい農家の四男坊で、小学校にもまともに通えないまま、幼くして丁稚奉公に出たという苦労人でした。単身上京して一代で工務店を作った人です。私たち家族のためによく働いて、会社も大きくしたけれど、一方で「飲む・打つ・買う」も大好き。豪放磊落という言葉がぴったりで、物おじせずにどんなことにも突っ込んでいく、肝のすわった人でした。

幼少期の苦しい生活で、お金の苦労が身に染みていたのだと思います。お金への執着の強い人でもありました。社員は働けるだけ、働かせる。下請け業者さんにも、きちんと費用を支払わない。現場は不満だらけでした。

そこをまとめていたのが、私が18歳の時に父と離婚した母でした。母親は、本当にやさしくて、人のためなら何でもやる人でした。そんな母がいたからこそ、「奥さんがいるから、なんとか頑張るよ」と、下請け業者さんが父の工務店についてきてくれているような状態でした。

父には反発しましたが、そんな両親の姿を見ていたから、「自分が作った会社では、人を大切にする」という、揺らがない信念をもつことができたのだと思うのです。

私自身が、すでに多くのものを受け取っていたのです。

私には、忘れることができない、悲しい思い出があります。

私が4歳の7月、妹を亡くしました。

あるとても暑い日、私たちは家の庭にあった池で遊んでいました。これが気持ちいいんですね。

その一週間後のやはり暑い日、母はお客さんの相手をしていて、私は姉とおもちゃで遊んでいました。そこへ妹も来たんだけれど、うるさいから「あっちへ行け！」と言ってしまった。

次の記憶は、家の前で近所のおじさんが妹のお腹を押しているところです。妹は池にひとりで入って、溺れてしまったのです。おじさんはもちろん、妹を助けようとしてくれていたのですが、私は「妹をいじめるな！」と言ってしまいました。

妹の命日と戒名は、忘れることができません。

生きていれば、いろいろな失敗をすることはあるけれど、それはいくらでも取り返せる。

妹は死んでしまったけれど、自分は生きている。無駄に元気でなんでもできる。だから、できることは、全部やりたいのです。

そして間違えないようにしたい。

私のあとに続く人たちも間違えないように、ついてきてほしい。

そんな人が10人、１００人出てきたら、世の中はもっと良くなります。


現実はお金や権力が強いことはわかっています。私だって、聖人君子ではないから、お金は大好きです。

でも、目的はそこではない。結果にすぎません。

万葉建設がもし売上１００億円の会社になったら、それだけ関わってくれる人の数が増えることになる。笑顔の連鎖を大きくできる。

だからこそ、会社を大きくしたいのです。


今、私はこれまで受け取ってきたものを、次の世代に還しているところなのです。

これからも私の〝人のために〟〝誰かのために〟は続きます。それが実は会社のため、自分のためになることを知っているからです。

新しい出会いが、私や万葉建設をまだ見ぬ世界へ連れて行ってくれそうで、とても楽しみです。

西暦	年齢	出来事	家族	社会の動き
1969年	0	千葉県習志野市に生まれる		
1973年	4		妹の事故死	
1975年	6	八千代市立高津小学校　入学		
1977年	8	少年野球、ボーイスカウトに参加		
1981年	12	八千代市立高津中学校　入学		
1984年	15	千葉県立千葉北高校　入学		
1987年	18		両親の離婚	
1989年	20	専門学校入学　東京で一人暮らし開始		
1991年	22	株木建設（株）入社		バブル崩壊始まる
1995年	26	佐々木建設（株）入社		阪神淡路大震災
1997年	28	社団法人 八千代青年会議所　入会		
1999年	30	社団法人 八千代青年会議所　青少年担当委員長		
2000年	31	社団法人 八千代青年会議所　30周年特別委員長		
2001年	32		結婚、長男誕生	米同時多発テロ
2005年1月	35	万葉建設（株）設立		
2007年	38	社団法人 八千代青年会議所　監事、千葉ブロック建設クラブ　会長		

２００９年	40	社団法人 八千代青年会議所　理事長 第7回　源右衛門祭「Earth View Project」開催	
２０１１年	42	八千代市立高津小学校　PTA会長（～２０１７）	東日本大震災
２０１４年	45	八千代市PTA連絡協議会　会長（～２０１６）	
２０１５年	46	千葉県PTA連絡協議会　理事	
２０１６年	47	八千代商工会議所　役員	
２０１７年	48	八千代ロータリークラブ　入会	
２０１８年	49	高津・緑が丘地域学校協働本部　設立	
２０２０年	51	（株）千葉エンジニア　M&Aにてグループ会社化 保護司始める	新型コロナウイルス流行
２０２１年	52	（株）三浦工業　（株）スタジオスリーエイト （株）サンパチクリエイティブ　M&Aにてグループ会社化	
２０２２年	53	八千代商工会議所　副会頭 新求（株）　M&Aにてグループ会社化 「社長語ろう会」（大学生向け勉強会）開始	
２０２３年	54	社会福祉法人 八千代市社会福祉協議会　理事 （株）バイクパーツメンテナンス博士　M&Aにてグループ会社化	

[著者プロフィール]

佐々木俊一（ささきしゅんいち）

万葉建設株式会社 代表取締役

一級建築士、一級建築施工管理技士、
一級土木施工管理技士

昭和44年生まれ、千葉県出身。
大手ゼネコンから父の経営する工務店を経て、2005年、万葉建設株式会社を設立。
社員のプライベートを充実させる様々な仕組みや、スキルアップのための資格取得支援制度を設けるなど「社員第一」を経営理念に掲げながら、創業20年に満たない会社を急成長させている。2020年からは本格的にM&Aに取り組み、2023年現在9社をグループ会社化し、グループ全体の売上は40億円である。一方で地元（八千代市）で様々なボランティア活動にも積極的に貢献。「自分の仕事は人づくり」の信念のもと、社内だけでなく、大学生向けの勉強会を手弁当で続けている。大学4年生から小学1年生まで8人の子を持つ父でもある。

人《ひと》づくりの鬼《おに》

10年《ねん》で売上《うりあげ》19倍《ばい》を実現《じつげん》した経営者《けいえいしゃ》の仕事術《しごとじゅつ》

2024年1月24日　初版第1刷

著　者／佐《さ》々《さ》木《き》俊一《しゅんいち》
発行人／松崎義行
発　行／みらいパブリッシング
〒166-0003 東京都杉並区高円寺南4-26-12 福丸ビル6F
TEL 03-5913-8611　FAX 03-5913-8011
https://miraipub.jp　E-mail: info@miraipub.jp
企画協力／Jディスカヴァー
制作協力／向川裕美
編　集／田中むつみ
カバーデザイン／菊池　祐（ライラック）
ブックデザイン／池田麻理子
発　売／星雲社（共同出版社・流通責任出版社）
〒112-0005 東京都文京区水道1-3-30
TEL 03-3868-3275　FAX 03-3868-6588
印刷・製本／株式会社上野印刷所

ISBN978-4-434-33366-8 C0034